泉城文库

泉水文化丛书

第一辑　雍坚　主编

袈裟泉泉群
洪范池泉群

李现新　展恩华　编著

济南出版社

图书在版编目（CIP）数据

袈裟泉泉群、洪范池泉群 / 李现新，展恩华编著. 济南：济南出版社，2024.7. ——（泉水文化丛书 / 雍坚主编）. —— ISBN 978-7-5488-6605-3

Ⅰ. K928.4

中国国家版本馆 CIP 数据核字第 202466H9U3 号

袈裟泉泉群、洪范池泉群
JIASHAQUAN QUANQUN HONGFANCHI QUANQUN
李现新　展恩华　编著

出 版 人　谢金岭
责任编辑　苗静娴
封面设计　牛　钧

出版发行　济南出版社
地　　址　山东省济南市二环南路1号（250002）
总 编 室　0531-86131715
印　　刷　济南新先锋彩印有限公司
版　　次　2024年7月第1版
印　　次　2024年7月第1次印刷
开　　本　160mm×230mm　16开
印　　张　17.75
字　　数　216千字
书　　号　ISBN 978-7-5488-6605-3
定　　价　68.00元

如有印装质量问题 请与出版社出版部联系调换
电话：0531-86131736

版权所有　盗版必究

总序

文化，源自《周易》中所讲的"观乎人文，以化成天下"。自然形态的泉水，在与人文影响相结合后，才诞生了泉水文化。通过考察济南泉水文化的衍生轨迹，可以看到，泉水本体在历史上经历了从专名到组合名、从组合名到组群名这样一个生发过程。

"泺之会"和"鞌之战"是春秋时期发生于济南的两件知名度最高的大事（尽管"济南"这一地名当时尚未诞生）。非常巧合的是，与这两件大事相伴的，竟然是两个泉水专名的诞生。《春秋》记载，鲁桓公十八年（前694），鲁桓公和齐襄公在"泺"相会。"泺"，源自泺水。而"泺水"，既是河名，又是趵突泉之初名。北魏郦道元在《水经注》中推测，泺水泉源一带即"公会齐侯于泺"的发生地。"鞌之战"发生于鲁成公二年（前589），《左传》记述此战时，首次记载华不注山下有华泉。

东晋十六国时期，第三个泉水专名——"孝水"（后世称"孝感泉"）诞生。南燕地理学家晏谟在《三齐记》中记载："其水平地涌出，为小渠，与四望湖合流入州，历诸廨署，西入泺水。耆老传云，昔有孝子事母，取水远。感此，泉涌出，故名'孝水'。"北魏时期，郦道元在《水经注》中，所记济南泉水专名有6个，分别是泺水、舜井、华泉、西流泉、白野泉和百脉水（百脉泉）。北宋，济南泉水家族扩容，达到30余处。济南文人李格非热爱家乡山水，曾著《历下水记》，将这30余处泉水详加记述，惜未传世。后人仅能从北宋张邦基所著《墨庄漫录》中知其梗概："济南为郡，在历山之阴。水泉清冷，凡三十余所，如舜泉、爆流、金线、真珠、孝感、玉环之类，皆奇。李格非文叔作《历下水记》叙述甚详，文体有法。曾子固诗'爆流'作'趵突'，未知孰是。"

伴随着济南泉水专名的增加，到了金代，济南泉水的组合名终于出场，这就是刻在《名泉碑》上的"七十二泉"。七十二，古为天地阴阳五行之成数，亦用以表示数量众多，如《史记》载"古者封泰山禅梁父者七十二家"、唐诗《梁甫吟》中有"东下齐城七十二"之句。金《名泉碑》未传世至今，所幸元代地理学家于钦在《齐乘》中将泉名全部著录，并加注了泉址，济南七十二泉的第一个版本因此名满天下。金代七十二泉的部分名泉在后世虽有衰败隐没，但"七十二泉"之名不废，至今又产生了三个典型版本，分别是明晏璧《济南七十二泉诗》、清郝植恭《济南七十二泉记》和当代"济南新七十二名泉"。此外，明清时期，还有周绳所录《七十二泉歌》、王钟霖所著《历下七十二泉考》等五个非典型七十二泉版本出现。如果把以上九个版本的"七十二泉"合并同类项，总量有170余泉。从金代至今，只有趵突泉、金线泉等十六泉在各时期都稳居榜单。

俗语云："物以类聚，人以群分。"意为同类的事物经常聚集在一起，志同道合的人往往相聚成群。当济南的泉水达到一定数量时，"泉以群分"的现象就应运而生了。

20世纪40年代末，济南泉水的组群名开始出现。1948年，《地质论评》杂志第13卷刊发国立北洋大学采矿系地质学科学者方鸿慈所著《济南地下水调查及其涌泉机构之判断》一文，首次将济南泉水归纳为四个涌泉群：趵突泉涌泉群（内城外西南角）、黑虎泉涌泉群（内城外东南角）、贤清泉涌泉群（内城外西侧）和北珍珠泉涌泉群（内城大明湖南侧）。

1959年，山东师范学院地理系教师黄春海在《地理学资料》第4期发表《济南泉水》一文，将济南市区泉水划分为趵突泉泉群、黑虎泉泉群、珍珠泉泉群、五龙潭泉群和江家池泉群。同年，黄春海的同事徐本坚在《山东师范学院学报》第4期发表《泰山地区自然地理》一文，提出济南市区诸泉大体可分为四群：趵突泉泉群、黑虎泉泉群、五龙潭泉群、珍珠泉泉群。此种表述虽然已经与后来通行的表述一致，但当时并未固定下来。1959年11月，山东师范学院地理系编著的《济南地理》（徐本坚是此书的参编者之一）一书中对济南四大泉群又按照方位来命名，分别是：城东南泉群、城中心泉群、城西南泉群、城西缘泉群。

通过文献检索可知，济南四大泉群的表述此后还经历了数次变化和反复。譬如，1964年4月，郑亦桥所著《山东名胜古迹·济南》一书中，将济南四大泉群表述为"趵突泉群、黑虎泉群、珍珠泉群和五龙潭泉群"；1965年5月，山东省地质局水文地质观测总站所编《济南泉水》中，将济南四大泉群表述为"趵突泉—白龙湾泉群、黑虎泉泉群、五龙潭—古温泉泉群和王府池泉群"；1966年，油印本《济南一览》一书中，将济南四大泉群表述为"趵突泉泉群、黑虎泉泉群、五龙潭泉群和珍珠泉泉群"，与1959年发表的《泰山地区自然地理》一文所述一致；1986年，山东省地图出版社编印的《济南泉水》中，将四大泉群复称为"趵突泉群、黑虎泉群、五龙潭泉群和珍珠泉群"；1989年，济南市人民政府所编《济南历史文化名城保护规划图集》将济南四大泉群复称为"趵突泉泉群、珍珠泉泉群、五龙潭泉群和黑虎泉泉群"。此后，这一表述才算固定下来。

2004年4月2日，由济南名泉研究会、济南市名泉保护管理办公室组织进行的历时五年的济南新七十二名泉评审结果揭晓，同时还公布了新划出的郊区六大泉群，这样加上市区原有的四大泉群，就有了济南十大泉群的划分，它们是：趵突泉泉群、黑虎泉泉群、珍珠泉泉群、五龙潭泉群、白泉泉群、涌泉泉群、玉河泉泉群、百脉泉泉群、袈裟泉泉群、洪范池泉群。十大泉群的划分，是本着有利于泉水的保护和管理、有利于旅游和开发的原则，依据泉水的地质结构、流域范围，在20平方公里范围内有泉水数目20处以上，且泉水水势好，正常年份能保持常年喷涌，泉水周围有良好的自然环境和历史文化内涵等标准进行的。

2019年1月，国务院批复同意山东省调整济南市、莱芜市行政区划，撤销莱芜市，将其所辖区域划归济南市管辖。伴随着济莱区划调整，新设立的济南市莱芜区和济南市钢城区境内的泉水，加入济南泉水大家族。2020年7月至2021年7月，济南市城乡水务局（济南市泉水保护办公室）再次开展全市范围内的新一轮泉水普查工作。在泉水普查的基础上，邀请业内专家对新发现的500余处泉水逐一进行评审，新增305处泉水为名泉，其中，莱芜区境内有72泉，钢城区境内有30泉。2023年，在《济南市名泉保护总体规划（2023—2035年）》编制过程中，根据泉水出露点分布情况，结合历史人文要素与自然生态条件划定了十二片泉群，即趵突泉泉群、黑虎泉泉群、珍珠泉泉群、五龙潭泉群、白泉泉群、涌泉泉群、百脉泉泉群、玉河泉泉群、袈裟泉泉群、洪范池泉群、吕祖泉泉群及舜泉泉群。其中，吕祖泉泉群（莱芜区境内诸泉）和舜泉泉群（钢城区境内诸泉）为新增。

稍加回望的话，在市区四大泉群之外，济南郊区诸泉群名称的出现，也是有迹可循的。1965年7月，山东省地质局八〇一队李传谟在油印本《鲁中南喀斯特及其水文地质特征的研究》中记载了今章丘区境内的明水镇泉群（包括百脉泉）、绣水村泉群，今长清区境内的长清泉群，今莱芜区境内的郭娘泉群。据2013年《济南泉水志》记载，20世纪80年代后，省市有关部门及高校有关科研人员和学者，对济南辖区内的泉群及其泉域划分形成了各种不同的说法，但济南辖区内有三个泉水集中出露区和七个泉群的说法，为大多数人所认同。三个集中出露区即济南市区（包括东郊、西郊）、章丘区明水、平阴县洪范池一带；七个泉群即趵突泉泉群、黑虎泉泉群、五龙潭泉群、珍珠泉泉群、白泉泉群、明水泉群、平阴泉群。

泉群是泉水出露的一种聚集形式。泉群的划分，则是对泉水分布所作的人为圈定，如根据泉水分布的地理区域集中性、泉水的水文地质条件进行的划分，以及从泉水景观的保护、管理和开发等角度进行的划分。因此，具体到每个泉群内所含的泉水和覆盖范围，亦是"时移事异"的。以珍珠泉泉群为例，1948年，方鸿慈视野中的北珍珠泉涌泉群，仅有"北珍珠泉、太乙泉等8处以上泉水"；1966年油印本《济南一览》中，珍珠泉泉群有珍珠泉等10泉；1981年济南市历下区地名办公室所绘《济南历下区泉水分布图》上，将护城河内老城区中的34泉悉数列入珍珠泉泉群；1997年《济南市志》将珍珠泉泉群区域再度缩小，称"位于旧城中心的曲水亭街、芙蓉街、东更道街、院前街之间"，共有泉池21处（含失迷泉池2处）；2013年《济南泉水志》将珍珠泉泉群的范围扩大至老城区中所有的有泉区域，总量也跃升为济南市区四大泉群之首，计有74处；2021年9月，伴随着"济南市新增305处名泉名录"的公布，护城河以内济南老城区的在册名泉（珍珠泉泉群）达到107处。

当代，记述济南泉水风貌、泉水文化的出版物已有多种，可谓琳琅满目，而本丛书以泉群为单位，对济南市诸泉进行风貌考察、文化挖掘、名称考证，便于读者从泉水群落的角度去考察、关注、研究各泉的来龙去脉。十二大泉群之外散布的名泉，皆附于与其邻近的泉群后一一记述，以成其全。如天桥区散布的名泉附于五龙潭泉群之后，近郊龙洞、玉函山等名泉附于玉河泉泉群之后。

　　值得一提的是，本丛书所关注的济南各泉群诸泉，并不限于当代业已列入济南名泉名录的泉水，还包括各泉群泉域内的三类泉水：一是新恢复的名泉，如珍珠泉泉群中新恢复的明代名泉北芙蓉泉；二是历史上曾经存在、后来湮失的名泉，如趵突泉泉群中的道村泉、通惠泉，白泉泉群中的老母泉、当道泉，吕祖泉泉群中的郭娘泉、星波泉；三是现实存在，但未被列入名泉名录的泉水，这些泉水或偏居一隅，鲜为人知，如玉河泉泉群中的中泉村咋呼泉、鸡跑泉，或季节性出流，难得一见，如袈裟泉泉群中的一口干泉、洪范池泉群中的天半泉。在济南泉水大家族中，它们虽属小众，但往往是体现济南泉水千姿百态的另类注脚。

　　本丛书在编撰过程中参考了《千泉之城——泉城济南名泉谱》等众多当代济南泉水文化出版物，得到了济南市城乡水务局（济南市泉水保护办公室）、济南市勘察测绘研究院、山东省地矿局八〇一水文地质工程地质大队等单位的大力支持，谨此诚致谢忱！

　　亘古以来，济南的泉脉与文脉交相依存，生生不息。济南文化之积淀、历史之渊源，皆与泉水密切相关。期待这套《泉城文库·泉水文化丛书》开启您对济南的寻根探源之旅！

雍坚

2024 年 6 月 10 日

目录

袈裟泉泉群

袈裟泉泉群概述　/ 003
袈裟泉　/ 007
卓锡泉　/ 010
檀抱泉　/ 014
双鹤泉　/ 017
白鹤泉　/ 019
甘露泉　/ 021
饮虎池　/ 023
上方泉　/ 024
飞泉　/ 025
黄龙泉　/ 027
朗公泉　/ 029
洗心泉　/ 031
古龙泉　/ 032
西泉　/ 033
牛鼻泉　/ 034
老鸹岭泉　/ 035
牛角岭泉　/ 036
龙居泉　/ 037
大王泉　/ 039
朱家泉　/ 040

龙潭　/ 041
黄泉　/ 042
晓露泉　/ 043
庄岩泉　/ 046
井峪泉　/ 047
富峪泉　/ 049
东圣泉　/ 050
钟南泉　/ 051
安子泉　/ 052
龙马泉　/ 054
三仙泉　/ 055
野老泉　/ 056
华严泉·华严泉北井　/ 057
神宝泉　/ 059
井子泉　/ 061
长湾泉　/ 063
王母泉　/ 064
上泉　/ 065
夹虎泉　/ 066
赵家泉　/ 067
长寿泉　/ 068
青龙泉·卧龙泉　/ 070

001

咋呼泉　／ 072

木鱼石泉　／ 074

段家泉　／ 076

于盘泉　／ 077

银河泉　／ 078

双泉　／ 079

佛殿泉　／ 081

王家泉　／ 082

朝阳泉　／ 084

礼佛泉　／ 086

杨家泉　／ 087

北泉　／ 088

井字坡泉　／ 089

清泠泉　／ 090

白虎泉　／ 094

鹿泉　／ 096

玄明泉　／ 097

黑虎泉・万寿泉・缚龙泉・
驯山泉・伏虎泉・胜天池　／ 098

润玉泉　／ 101

弥山泉　／ 103

惠泉　／ 104

明泉　／ 105

徐南山泉　／ 106

北泉　／ 107

龙涎泉　／ 108

玉珠泉　／ 110

皇姑井　／ 112

王家泉　／ 114

履泉　／ 115

青龙潭　／ 116

豆腐泉　／ 117

双花泉・大泉　／ 119

璇玑泉　／ 121

玄天泉　／ 123

鲁韵泉　／ 125

齐风泉　／ 126

南泉　／ 127

罗汉泉　／ 128

鹁鸽泉　／ 130

汇宝泉　／ 131

圣井泉　／ 132

响泉　／ 133

龙泉　／ 134

黄崖泉　／ 135

井峪泉　／ 136

双泉　／ 138

清泉　／ 140

圣仙泉　／ 141

黄立泉　／ 142

上水泉・下水泉　／ 144

张家井泉　／ 146

马嘴泉　／ 147

王庄泉　／ 148

五眼井　／ 150

满井泉　／ 152

饮马泉　／ 154

丰施泉　／ 155

马山泉　／ 156

鬼谷泉　／ 157

宾谷泉　／ 158

马尾泉　／ 159

神秀泉　／ 160

米泔泉　／ 161

下泉·上泉　/ 163

月牙泉　/ 165

天泉·地泉·日泉·月泉　/ 166

石牛瓮泉　/ 168

庄南山泉　/ 169

韩家峪泉　/ 170

水泉　/ 171

夜猫泉·神峪泉　/ 172

前峪泉·安子泉　/ 173

南行子泉　/ 174

一口干泉　/ 175

辘轳泉　/ 176

梦龙泉　/ 177

七星泉　/ 178

清龙泉　/ 179

李密泉　/ 180

晓景泉　/ 181

皇路泉　/ 182

佛公井　/ 183

鸭子泉　/ 185

米井泉　/ 186

洌泉井　/ 187

洪范池泉群

洪范池泉群概述　/ 191

洪范池　/ 194

姜女池　/ 199

书院泉　/ 201

白沙泉　/ 204

天池泉　/ 205

扈泉　/ 206

日月泉　/ 210

墨池泉　/ 212

道塘泉　/ 214

长沟泉　/ 215

天乳泉　/ 216

白涯泉　/ 217

丁兰泉　/ 218

北泉　/ 220

龙眼泉　/ 221

贝泉　/ 222

白雁泉　/ 223

拔箭泉　/ 225

莲花池　/ 227

天半泉　/ 228

狼泉　/ 229

淙泉　/ 231

念泉　/ 232

汇泉　/ 234

马跑泉　/ 236

东拔箭泉　/ 238

北泉　/ 239

南泉　/ 240

龙山泉　/ 241

白虎泉　/ 242

槐底泉　/ 244

榖右泉　/ 245

白云泉　/ 246

毛峪泉　/ 247

古泉井　/ 248

南泉·北泉　/ 250

杨枝泉　/ 252

有本泉　/ 254

浸润泉　/ 255

袈裟泉泉群、洪范池泉群

朝阳泉·落阳泉　/ 256
向阳泉　/ 258
龙须泉　/ 259
灵醴泉　/ 260
抱珠泉　/ 262

天井飞泉　/ 263
毛铺泉　/ 265
石榴峪泉　/ 267
常源泉　/ 268
虎豹泉　/ 269

袈裟泉泉群

袈裟泉泉群概述

袈裟泉泉群位于济南市长清区境内，因泉群中有济南新七十二名泉之一的袈裟泉而得名。2004年4月2日，由济南名泉研究会、济南市名泉保护管理办公室组织进行的历时五年的济南新七十二名泉评审结果揭晓，同时还公布了新划出的郊区六大泉群，加上市区原有的四大泉群，济南就有了十大泉群的新划分。此次公布的"郊区六大泉群"中便有袈裟泉泉群，泉群内的袈裟泉、卓锡泉、清泠泉、晓露泉、檀抱泉等5泉名列济南新七十二名泉。2005年9月29日《济南市名泉保护条例》颁布实施，该条例附件一《济南市名泉名录》共收录济南范围内645泉。长清境内有89泉被收录，其中，袈裟泉、卓锡泉、清泠泉、檀抱泉、晓露泉、滴水泉、甘露泉、双鹤泉、白鹤泉、上方泉、朗公泉、牛鼻泉、龙居泉、双泉、王家泉、长寿泉、卧龙泉、段家泉、白虎泉、润玉泉、糠沟泉、惠泉、玉珠泉、青龙泉、胜天泉、马山泉等26泉属袈裟泉泉群。2013年出版的《济南泉水志》记载，袈裟泉泉群有泉44处。

长清区境内名泉竞涌、泉水众多，汇而成溪，聚而成河，最后归流黄河（古济水、大清河），长清之"清"便来源于大清河，清清泉水是长清自然生态和历史文化的点睛之笔。长清泉水的富集与长清的地质地层构造有很大关系。长清区东依泰山，西濒黄河，地质构造为总体向北倾斜，东西方向上局部形成背向斜褶曲，形态平缓。最高点为东南境的摩天岭，海拔988.88米，最低点在玉符河入黄河处，海拔29.4米，相对高差959.48米，巨大的落差之间分布有低山、丘陵、山间平原、山前冲积平原、黄河冲积平原等，地形多样，地貌复杂，有"八山一水一分田"的说法。境内出露的地层由南向北依次有：太古界泰山群变质岩、寒武系灰岩和页岩、奥陶系灰岩。沿北大沙河和南大沙河一线分别为张夏地堑和马山断层，但不是大的断裂构造。从山前到黄河之间为第四系砂砾石层及各种土类发育，其厚度由东向西逐渐增大，到平安街道后王村一带达298.2米。区域内各含水层由于岩性、构造、埋藏条件及富水性的差异，泉水出露形态不同。万德街道、五峰山街道、马山镇南部、双泉镇东南部为太古界泰山群变质岩系风化裂隙含水层，总面积约424平方公里，水位埋藏深度一般小于10米，泉水多有出露，为袈裟泉泉群的核心区域。万德街道东北部、五峰山街道和马山镇北部、双泉镇西部、孝里街道东南部和张夏街道、崮云湖街道部分地区为寒武系和奥陶系灰岩裂隙岩溶

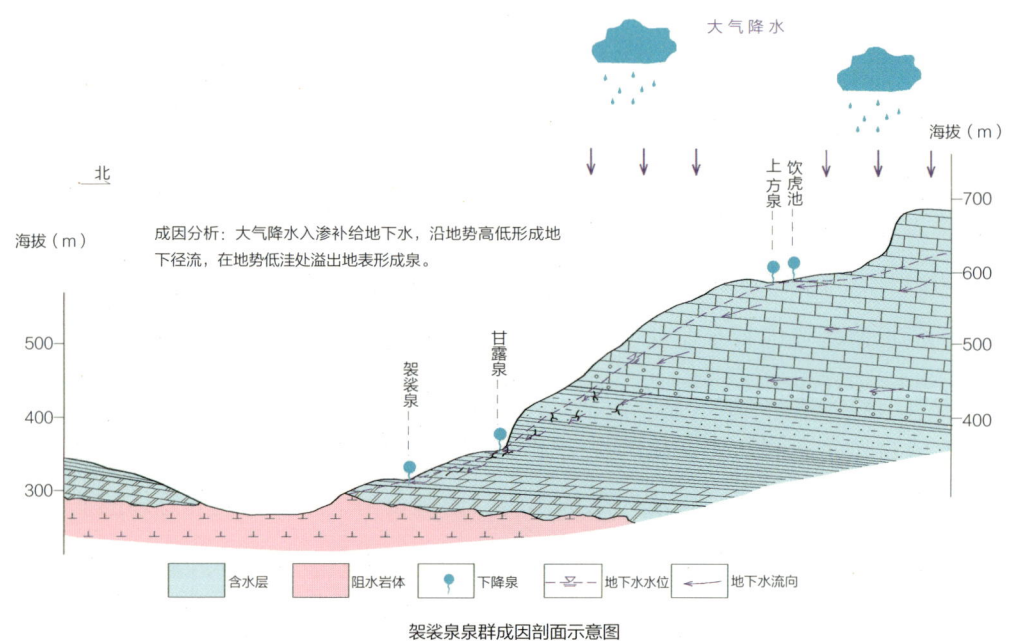

袈裟泉泉群成因剖面示意图

含水层，裂隙岩溶发育较强，富水性强，但埋藏较深，泉水出露不明显，且季节性强，这一区域属于裂袭泉泉群的外围区。

裂袭泉泉群地处泰沂山脉西北麓，地形东高西低，南高北低，川谷纵横，岩石裸露，裂隙发育，地表水渗漏严重。岩溶水接受大气降水入渗后汇流，由于地堑断层阻挡，在破碎带裂隙处涌出地表，形成泉群。该泉群分为两部分：一部分在长清万德街道的灵岩寺风景区及张夏街道、崮云湖街道一带，属于北大沙河流域上游；另一部分在五峰山街道的五峰山风景区和马山风景区一带，属于南大沙河流域。裂袭泉泉群是济南市区"四大泉群"的补给区之一，这些泉水沿河道渗漏，最终流向市区泉群，所以裂袭泉泉群属于"趵突泉泉域"。

另外，长清马山断层（南大沙河上游）以西为"长孝水源地"，接纳南大沙河及清水沟流域地下来水。马山断层北段，东侧是奥陶系灰岩，西侧是煤田，东侧奥陶系灰岩上也是煤田。在地质史上，这一带也曾有一个规模可观的泉群，因经历了济水、大清河、黄河变迁，沉积了数百米厚的第四系覆盖层，泉子大部分被掩埋，只有水鸣庄和老城区一带偶有泉水出露，履泉为其代表。

泉是地下水从固定地点自然流出，泉水按承压和无压分为上升泉和下降泉（平流泉）。泉水从泉口垂直往上冒的叫上升泉，从泉口往下淌的叫下降泉。裂袭泉泉群多为下降泉，只有少部分是上升泉，如满井泉、皇姑井等。

根据地质普查和勘测研究，裂袭泉泉群之水来源于大气降水入渗补给，具有典型的雨源性特征，老百姓称之为浮泉。每当雨季来临，众泉喷涌，汇流成溪，雨季过后，势头大减，干旱季节不再喷涌，多有干涸。有些泉古来即为村庄人畜饮用水，少数溢流量大的泉眼能灌溉附近农田。有些泉水在宫观寺院之中，除满足生活所用之外，还极具观赏价值，是景区名胜不可分割的一部分，为景区增色不少。

2021年9月，《济南市新增305处名泉名录》对社会公布，长清境内又有龙涎泉等31泉被收录，它们多数位于袈裟泉泉群核心区域。至此，长清区境内的在册名泉已有130处。本书除袈裟泉泉群诸泉外，长清境内其他名泉亦一一记述。

袈裟泉

袈裟泉位于长清区万德街道灵岩寺景区内，地藏殿南 50 米、转轮藏庙堂遗址东侧仙人岩下，为济南新七十二名泉之一。此泉在历代文献中多有著录，名列金《名泉碑》，时称"独孤泉"。元《齐乘》称独孤泉在灵岩寺。清康熙《灵岩志》载："昔有隐者姓独孤，结茅泉侧，后人以姓命泉也。"明万历年间，著名诗人刘天民之子刘亮采［号公严，万历二十年（1592）进士，性诙谐，工诗、善书画、通音律］隐居灵岩，在泉边建"面壁斋"，因厌恶"独孤"二字，便改其名为"印泉"。"印"为佛家用语，乃印证功果之意。但此名传之未广，后人以泉旁立有一尊被称为"铁袈裟"的铸铁块，为之取名"袈裟泉"。

袈裟泉泉畔的铁袈裟　曹建民摄

泉为渗流，自石棚下崖间石罅流出，泉源旺盛，四季不竭，水质甘美，为灵岩寺景区工作人员及僧众的主要饮用水源。泉水汇入一半圆形石潭，溢而为溪，盘桓曲绕，造为曲水流觞效果，由石雕龙口泻入大水池内。池为不规则形，池上修有轩亭，亭上悬"袈裟泉"匾额。池内锦鱼戏游，荇藻漂浮，花木掩映，静谧安然。

"铁袈裟"立于泉西侧崖畔，高2.05米、宽1.94米，锈迹斑斑，上小下大，呈长方"凸"字形，密布凸起的纹路，因外形酷似僧侣的袈裟，故名。历史上，"铁袈裟"曾为"灵岩十二景"之一和清乾隆御题"灵岩八景"之一。关于铁袈裟的来历，众说纷纭，清康熙《灵岩志》卷首载："铁袈裟，世传定公建寺时有铁自地涌出，高可五六尺，重可数千斤，天然水田纹，与袈裟无异，故名。"又载："在寺东北，或云：达摩自西域来，面壁九年，道成而去，弃袈裟于此。又云：定公建寺时，自地涌出者。"顾炎武在《山东考古录》中著有《考铁》一文，对铁袈裟成因进行了分析。在他看来，济南地区自古产铁，铁袈裟可能与济南府学文庙前的铁牛一样，都是汉代铁官在冶铁时所遗留的废铁。《灵岩志》在"辨疑"一节中也持此观点："铁袈裟，有云法定禅师创寺时自地涌出。想彼时兴工于此，地中所得，犹郡库之铁牛山也。"近年来，有专家考证铁袈裟非传说中自然形成，也非铸铁遗物，实为力士铁像的残躯。因为铁袈裟上的纹路看似繁复，却遵从一定的规律，为古代铸铁工艺常用的"合范法"的遗迹。从铁袈裟的造型看，它与龙门石窟唐代力士像十分接近，尤其是姿势与衣服纹路，更是如出一辙。在山东青州、博兴、长清、历城等地的盛唐佛教造像中也有类似铁袈裟造型的力士像。据此推测，铁袈裟应该是一尊体型巨大的力士造像的下半身。原造像左腿直立，右腿侧伸，腰束带，下有战裙，但是因为早年间被损毁，腰部以上与膝部以下全部缺失，才变成现在"铁袈裟"的样子。灵岩寺鲁班洞内现存的唐天宝年间李邕《灵岩寺碑颂并序》中有"六身铁像、次者三躯"字样，专家认为铁袈裟可能是唐高宗与武则天舍资在灵岩寺所铸"六身铁像"中的一躯的残体。如根据比例把力士像复原，这尊力士铁像应有六七米的高度。其实，早在北宋年间，曾任长清尉的张公亮在《齐州景德灵岩寺记》一文中就明确指出，"东北崖上土平处，古堂殿基宛然。石柱础、铁像下体尚存。法定始置于此，为后来者迁之也"。

不管铁袈裟是何来历，它的存在着实为灵岩寺增添了很多神秘色彩。历史上文人墨客不断对其描摹赞咏，清乾隆帝对铁袈裟更是钟爱有加，多次题诗，其中一首曰："一领净衣那论斤，法身披袛当丝纹。铸钟想以不成废，置此半途徒费勤。"

袈裟泉 李华文摄

袈裟泉泉群、洪范池泉群

卓锡泉

  卓锡泉位于长清区万德街道灵岩寺景区内，在千佛殿东侧北崖下，为济南新七十二名泉之一。卓锡泉南七八米处为双鹤泉，东约 18 米崖壁下为白鹤泉，三泉构成灵岩寺著名景点"五步三泉"，其中以卓锡泉水最盛。泉水出露形态为涌流，水自岩壁下一洞穴涌出，洞穴东侧崖上刻"卓锡泉"三字，篆体。泉水经石槽先跌到一个小平台上，溅起朵朵水花，又流入泉池中，与双鹤泉、白鹤泉汇合。此泉池称为"镜池"，"镜池春晓"为"灵岩八景"之一。

卓锡泉　左庆摄

卓锡泉又名"锡杖泉"。锡杖为比丘十八物之一，杖杆为木制，上下各有金属部件，摇动时会发出声响，是僧人的常用器具，起到警醒作用。传说卓锡泉是高僧以锡杖卓地或卓崖而出，故名。清康熙《灵岩志》载："世传为佛图澄锡杖卓出者，故名。流三四步，入大石池内，合寺皆汲于此，名曰'镜池'，亦曰'功德池'。"清康熙《济南府志》记载了卓锡泉的来历："相传法定禅师开创灵岩，苦近庵乏水，乃谋于佛图澄。澄曰：'何地无水！'至一处，曰：'此下有泉。'以九环锡杖卓之，果得泉，甘洌。"

关于"五步三泉"的来历，当地有一段传说。相传北魏正光初年（520），法定禅师由白虎驮经、青蛇引路，来到灵岩，见地枯无水，正徘徊时，忽有樵夫指点，曰双鹤鸣处有泉，后隐身不见。法定顺着樵夫所指的方向走去，见两白鹤飞起的地方果然现出两泉。法定禅师将锡杖插于地上休息，顺着锡杖随之又涌出一泉，这便是"双鹤""白鹤""卓锡"三泉。又传，法定禅师建寺之时，苦于无水，便求助于他的老师佛图澄。佛图澄领其至一处，以手指曰："下有甘泉。"法定禅师遂用锡杖直立捣去，果有甘泉汩汩涌流，故称其泉为"卓锡（锡杖）泉"。无论是佛图澄还是法定卓锡得泉，都说明了此泉的古老以及对于灵岩寺的重要。佛图澄是西晋时的高僧大德，本是西域龟兹人，后到内地弘法，备受统治者尊崇，徒众甚广。佛图澄本与灵岩寺关系不大，只因草创灵岩寺的朗公和尚是佛图澄的得意弟子，所以传说中让佛图澄卓锡得泉，无疑是为了抬高卓锡泉的地位。法定禅师则是灵岩寺的再造重兴者，也算是开山祖师，传说中让其卓锡得泉也增加了卓锡泉的分量。

灵岩寺于东晋时期由高僧朗公草创，北魏太武帝时期被毁，灵岩寺灭迹；到了北魏孝明帝正光年间，法定禅师建寺院于方山之阴，曰"神宝"，又建寺于方山之阳，曰"灵岩"。《高僧传》载："法定禅师，

袈裟泉泉群、洪范池泉群

卓锡泉经石槽跌到平台　曹建民摄

梵僧也。魏正光初间，杖锡来游方山，见昔有如来曾于此成道，遂经营梵宇。有蛇引路，二虎负经，并白兔、双鹤之异，遐迩助工之，于是穷崖绝谷化为宝坊，敕赐名灵岩寺。"金代曾隐于灵岩寺的陈寿恺在《灵岩开山祖师像图记》一文中详细记载了法定禅师重开灵岩寺的传说。大致意思是，法定禅师初入灵岩山谷时山路崎岖，有青蛇引路，白虎驮经，只见陡壁四起，苍岩如堵，无路可行。法定于是面壁而坐，瞑目诵经。坐到第七七四十九天时，突然雷声轰响，山石迸裂，只见头顶有一束强

卓锡泉　曹建民摄

光向下射来。阳光把山崖射穿，透过洞穴形成光束，为法定指路。这个洞穴就是现在明孔山上的通明洞。法定禅师循光而下，见山林秀蔚，可以建寺。又路遇樵夫对法定说："禅师有意在此建寺吗？"法定说，就怕无水可饮。樵夫东指说，前面不远双鹤鸣叫处就有泉。法定继续前行，只见黄猿顾步，白兔前跃，一会儿惊起了双鹤，下面果然有二泉涓涓。法定又以锡杖击山崖，飞瀑随锡杖而出。

卓锡泉地近千佛殿、五花殿和御书阁，泉旁石崖苍苔满壁，上垂虬松翠柏，下植凤尾修竹，风景绝佳，过去是达官显贵、文人墨客宴饮游览首选之地。因此，卓锡泉早在北宋时就被灵岩寺住持仁钦法师列为"灵岩十二景"之一，清代又成为乾隆皇帝御题"灵岩八景"之一。乾隆帝曾为卓锡泉题诗多首，其中一首曰："泉临卓锡一亭幽，万壑千岩景毕收。最喜东南缥缈处，澄公常共朗公游。"

檀抱泉

檀抱泉位于长清区万德街道灵岩寺景区第四峪村村东，明孔山北麓，别名"檀井""东檀泉""东檀池""水屋泉"，为济南新七十二名泉之一。因泉穴上方岩壁上有一株千年青檀俯抱此泉，故名。泉水出露形态为涌流，自岩洞石穴涌出，泉洞深、宽各3米，洞口石质横楣上刻一小型龙头，隐约可辨。水自岩洞流出后，积于石砌长方池中，泉池呈长方形，长4.35米、宽1.2米。再沿暗渠流入长40米、宽20米的蓄水池中。泉上的千年青檀胸围2米，枝叶茂盛，虬根盘错，抱泉而生，曾被评为济南市"十大树王"之一。青檀为中国特有树种，已列入《中国稀有濒危保护植物名录》，成群落零星分布。其中灵岩寺的青檀群落范围广，古木多，檀抱泉的青檀是最典型代表。檀抱泉南依大山，北临村落，檀因泉润，泉因檀名，水质甘洌，终年不息，水盛时如虎啸龙吟，现为第四峪村生产生活主要水源。近年来对泉池进行了修缮，营造了小桥流水的景观。

檀抱泉北下为南溪，南溪畔有小山名"红山"。当地人讲，红山是朗公和尚草创灵岩寺的位置，过去曾出土过石碾、石磨等生产生活用具。关于檀抱泉，当地还流传着一个神话传说。相传很久以前，东海龙王路过此地，被这里的秀美风光所吸引，于是慷慨赠予当地百姓两件宝贝：一颗龙珠和一枝海桐花。龙珠落地，化成一泉，润泽着这片土地；海桐花则化作巨大的青檀，树根纵横交错，怀抱清泉，仿佛慈母护卫婴儿一般。于是，当地百姓形象而又贴切地称此泉为"檀抱泉"。

檀抱泉上有青檀　左庆摄

　　檀抱泉所在的第四峪又名"涤思峪"，建村年代不详。明中叶赵氏迁居该村后，以村坐落在南山脚下第四峪中，始名之"第四峪"。清康熙《灵岩志》载："灵岩四村，刘李庄、第四峪、野老庄、小寺庄，皆隶寺，为僧家佃户所居。"灵岩寺内，元皇庆二年（1313）所立《灵岩山门五庄之记》碑中有"水屋头开地栽桑，曰东庄也；覆井坡可盖新房，曰南庄也"的记载。据此推测，"覆井坡"处当为第四峪村，第四峪村应是灵岩寺山谷中始创五庄之一。

　　檀抱泉南依的明孔山，又名"透明山"。透明山东西走向，海拔557米，属寒武纪石灰岩，山上怪石嶙峋，山势如楼似阁，因山上有一南北相通的岩洞而得名。洞高、宽各15米，望去大如车轮，如明镜高悬，似皓月当空。山上植侧柏、刺槐，植被覆盖率达40%。清道光《长清县志》载："明孔山，灵岩山中有石孔，南北相通，题者有'天关窍开明月窦'之句，故名。"《泰山道里记》载："又东跨道为坊，额曰'灵岩胜境'，乾隆二十六年建。东南为黄岘山，有老虎窝。东为明孔山，其山一孔，南北相通。盘旋北入，内有石佛像，再入一窟甚深。山巅有灵光亭，圮。东为涤思峪。"传说北魏法定禅师初来灵岩，为巨壁所阻，徘徊不得前，乃面壁七七四十九天，感动天神，日光破壁，光照数里，法定自洞入，

鸟瞰檀抱泉　曹建民摄

循光至方山下，始重建灵岩道场。明孔山还是灵岩外八景之一，明金鼎《明孔雪晴》诗云："梵僧昔日憩岩间，灵迹千年尚可攀。雪霁扶筇闲眺望，烟光咫尺见他山。"清代韩章诗云："何年凿辟见神工，嘉兆分明应朗公。宝刹既成人已去，犹留满月照山中。"自山下观明孔山，崖、树、洞构成一天然佛头，额、鼻、口、眼俱全，真是自然无心，造化有缘。明孔山还是灵岩寺的南界，据寺内现存金明昌五年（1194）《十方灵岩禅寺田园记》碑及清《灵岩志》载，灵岩寺区东起棋子岭，西到鸡鸣山，南自明孔山，北至神宝寺遗址。明孔洞当为水蚀风剥所致。25亿年前，古泰山开始隆起，此过程中又几次被石灰岩和变质岩夷平，约1500万年前最后一次海水侵入，浅水面沿石灰岩缝隙发育成大量溶洞，长清的溶洞多形成于此时。后洪水退去，水落石出，洞悬于半空，贯通者成为透明洞，又在风蚀作用下由小变大，由粗糙变光滑。这种洞也是一线天、天生桥地貌的雏形。明孔山下层为泰山岩群花岗岩；中层为寒武纪时期形成的深厚的粉砂泥云岩，这种泥云岩当地称为"木鱼石"；上层则为石灰岩。中下层岩层之交处易产生山泉，是接触泉类型，檀抱泉就属于这种情况。

双鹤泉

双鹤泉位于长清区万德街道灵岩寺景区内,千佛殿东侧北崖下,与白鹤泉、卓锡泉构成灵岩寺著名景点"五步三泉"。泉池为南北向双池,南池壁上题"双鹤泉"三字。历史上双鹤泉为"灵岩十二景"之一,有诗赞曰:"焚香且上五花殿,煮茗更临双鹤泉。"

双鹤泉　左庆摄

此泉清康熙、道光《长清县志》，道光《济南府志》均有收录。相传，法定禅师由白虎驮经、青蛇引路，来到灵岩，见地枯无水，正徘徊时，忽有樵夫指点，说双鹤鸣处有泉，然后隐身不见。法定禅师顺着樵夫所指的方向走去，两白鹤飞起的地方果然现出两泉，故名。宋代诗人苏辙有诗赞曰："白鹤导清泉，甘芳胜醇醴。"此泉与邻近的卓锡泉、白鹤泉之水汇为小潭，名曰"镜池"，又称"功德池"。"镜池春晓"历史上为"灵岩八景"之一，明代户部主事金鼎有诗赞曰："阶下方池石甃成，天然古鉴更澄清。梵僧照影春初晓，应共禅心一样明。"

白鹤泉

　　白鹤泉位于长清区万德街道灵岩寺景区内，千佛殿东侧的北崖下，与双鹤泉、卓锡泉构成灵岩寺著名景点"五步三泉"。泉池旁有棚状石窟，泉水自窟壁缝隙中流出。窟上方岩壁嵌清乾隆二十年（1755）"白鹤泉"石刻，行书涂丹。乾隆四十九年（1784），乾隆驻跸灵岩寺时作《白鹤泉》一诗："隐士高僧承爱鹤，盖难曲指数其踪。胎仙最是性孤介，未必人间愿屡逢。"

　　此泉清康熙《济南府志》《灵岩志》无载。清道光《长清县志》载："白鹤泉亦名双鹤泉，二泉相并，在卓锡之泉东十余步，左旁有双鹤泉碑。"由此推断，白鹤泉应是从双鹤泉中分出的（双鹤泉原为两泉）。

白鹤泉石刻　左庆摄

| 袈裟泉泉群、洪范池泉群

白鹤泉　曹建民摄

甘露泉

甘露泉位于长清区万德街道灵岩寺景区内,清乾隆行宫遗址东侧崖下。泉为渗流,自岩间石窦中流出,叮咚作响,清洌甘美,故名。泉水汇入长方形池内,清澈见底,绿藻漂动,终年不涸。盛水季节,水自池西壁石雕龙头口中泻出,沿溪奔流,声闻数里。池上崖壁中嵌有"甘露泉"石刻,为乾隆皇帝御笔,三字涂丹。池壁上尚存乾隆帝咏泉诗刻数方。泉池西侧10余米处的岩壁上,有明嘉靖二十七年(1548)山东巡抚彭黯所书"活水源头"巨字石刻。

甘露泉是灵岩寺诸泉中最著名的一个,有"灵岩第一泉"之称,"甘露澄泉"为"灵岩八景"之一,历史上备受文人青睐。如元代的郝经,清代的施闰章、姚鼐、王培荀等都曾咏诗或撰文赞美。乾隆皇帝对甘露泉更是钟爱有加,不但将行宫建于泉畔,还在附近建了爱山楼、对松亭等,并多次题诗赞颂。其中一首曰:"石罅淙泉清且冷,观澜每至小徜徉。设云此即是甘露,一滴曹溪谁果尝。"昔日,甘露泉畔除了乾隆行宫外,还有众多殿宇,如达摩殿、五气朝元殿、观音殿等。

泉畔东侧悬崖壁立,岩壁间树木杂错。昔日僧人们喜好在此汲水煮茶,说法论经,打坐悟禅。池上还曾建有红柱宝顶小亭,池旁设有石桌石凳,文人雅士于此博弈吟咏。如今,殿宇、亭台、行宫等建筑仅剩残迹,唯有甘露泉尚存。

甘露泉 邹浩摄

甘露泉 曹建民摄

饮虎池

饮虎池位于长清区万德街道灵岩寺景区内，灵岩山方山证盟阁西南约百米，飞云浦北侧危崖下。水自岩壁缝隙淌下，积于椭圆形天然小石盆中，不见外溢。此泉为季节性泉，每遇旱季则枯竭。泉流处石壁挂满青苔，旁镌"饮虎池"三字。传说过去灵岩附近老虎很多，山顶的老虎围山巡视，每到此畅饮甘泉后，虎踞长啸，声震山谷，故名。

饮虎池所在处，东隔一峪为灵岩山主峰方山，海拔683.7米，因方正如削，如帝王御用之符印，又名"玉符山"。"方山积翠"为"灵岩八景"之一，有"灵岩削出玉芙蓉，岚光秀色自重重"的赞誉。方山正南向有方山证盟阁，又名"积翠证盟殿"，为唐贞观年间依山凿壁而成。殿内主佛高约5米，结跏趺坐，面部硕圆，体态丰盈，为典型盛唐风格。明嘉靖年间，在龛外增修方形石室，叠涩出檐水坡顶，墙垩为朱红色，远远望去，翠崖之上红门一点，十分醒目，所以人们将此处俗称为"红门"。

饮虎池石刻 邹浩摄

上方泉

上方泉 邹浩摄

上方泉位于长清区万德街道灵岩寺景区内，饮虎池北侧的岩壁间，因在方山崖间，故名；因临近饮虎池，亦名"虎跑泉"。清道光《长清县志》《济南府志》均有载。水自岩壁缝隙淌下，流入长1.5米、宽1米的石砌长方池中，津滴甚微，昔日仅足煎茶供佛及待客之用。泉上方岩壁刻有"上方泉"三字，其上松柏悬植。此泉属季节性泉，雨季甚可观，旱季枯竭。

上方泉南侧隔一峰，有巨岩依方山主峰而别出，名"巢鹤岩"。清康熙《灵岩志》载："斯岩高可千仞，三面斗绝，登则蹑云而上，眼界颇宽，四时皆佳，惟秋尤胜，烟树、云山、黄花、红叶，鸟鸣谷应，心旷神怡，觉得别是乾坤。"

飞泉

飞泉位于长清区万德街道灵岩寺景区内，崇兴桥南数百米处的观音院南侧崖壁上。泉从长约百米的悬崖上滴下，状如飞珠散玉，故称"飞泉"，所在处名"滴水崖""雨花岩"。泉水流入长50米、宽19米的石砌长方池，长年不涸。冬季，此处会形成冰瀑景观，如砌玉堆琼，十分壮观。

雨花岩为清乾隆皇帝御题"灵岩八景"之一，乾隆帝曾多次题诗，有"未见飞空天女散，落来岩际尽天花"的赞颂。此处上临峭壁飞泉，下接清溪潺潺，溪岸芳草萋萋，岩壑松柏森然，青萝垂挂，景色宜人。清代马大相所著《灵岩志》记载："滴水泉，在寺西南五里。水自悬崖滴滴乱洒，如雨下。汇成溪，西流而去。又西南上，可里许。泉水盈中，出注石池。溢而北下，皆佳境也。"

飞泉　曹建民摄

| 袈裟泉泉群、洪范池泉群

飞泉　左庆摄

黄龙泉

黄龙泉位于长清区万德街道灵岩寺景区内,黄茅冈南侧之北溪中,又名"黄龙池"。清康熙《济南府志》载:"黄龙泉在灵岩,一名黄龙池。"清道光《济南府志》载:"黄龙泉,《县志》云在灵岩,一名黄龙池。《灵岩志》云在寺西南里许。"20世纪60年代,在北溪中筑石坝,蓄为小水库,泉湮于水库中。

黄龙泉所在的水库　曹建民摄

北溪，灵岩寺院山峪的雨泉之水合于此溪，至雨花岩处与南溪相合，此段溪流被称为"北溪"。清代马大相《灵岩志》记载："寺内诸泉之水合于此溪，由饮马沟西流。"据此可知，饮马沟就在北溪下游。此沟在历史上颇有渊源，1999年版《济南名胜古迹词典》记载："宋真宗游灵岩寺，曾在此饮马，故名。"

朗公泉

　　朗公泉位于长清区万德街道灵岩寺景区内,灵辟峰朗公石东南十八亩地北,因临近灵岩著名岩崖景观朗公石而得名。此泉南依石崖,位置隐蔽,不易被发现。泉水出露形态为渗流,流量随季节而变化,长年不涸。泉水清澈甘洌,适宜直饮,现为林场护林员饮用水源。清道光《济南府志》载:"朗公泉,《县志》云在灵辟峰南,北流,东折,南下三里,入灵带河。"

朗公泉　邹浩摄

| 袈裟泉泉群、洪范池泉群

远望朗公石 邹浩摄

  远望朗公石如一老僧拄杖偻立，传说为高僧朗公身化而成。朗公是灵岩寺的开山鼻祖，为西域高僧佛图澄的弟子。《高僧传》载，在五胡十六国时期，朗公受多国皇帝礼遇，被奉为神僧，名重一时，是当时中国北方最有名的高僧。前秦皇始元年（351），他移居泰山，创建了山东地区最早的佛教寺院朗公寺（今神通寺），后又草创灵岩寺。《神僧传》载："朗公和尚说法泰山北岩，下听者千人，石为之点头，众以告，公曰：'此山灵也，为我解化，他时涅槃，当埋于此。'"此也为"灵岩"之名的由来，明代王世贞有诗赞曰："朗公一片石，礼拜无寒暑。弹指千偈终，低头竟何语。"

洗心泉

洗心泉位于长清区万德街道合龙寺地藏殿前台阶下左侧，为2021年3月济南泉水普查时新发现之泉。洗心泉外观为圆口井，井口外有高10余厘米的水泥井栏。井口上覆有木质井盖，为取用水方便，井盖上置一手动压水机。搬开井盖，可见井壁为红砖砌筑，井口下2米多即为清澈泉水。据了解，今此泉井之水为寺内人员饮用水源。

合龙寺位于万德街道黄豆峪村东侧，其所在山峪古称"凤开峪"，在明代是德王府的山场林地，后经道士李道德募资创建龙泉观。龙泉观现已荒废。2004年3月，在龙泉观旧址兴建合龙寺，建成一处占地近2万平方米、气势恢宏的佛教寺院。

洗心泉　左庆摄

古龙泉

　　古龙泉位于长清区万德街道合龙寺内，大雄宝殿东北侧。泉水出露形态为渗流。此泉邻近山根，外观为圆形井栏，直径 0.95 米。揭开木质井盖，只见里面为方形井筒，井壁上部为红砖砌筑，下为石砌，井内泉水清澈。井旁石壁上刻有"古龙泉"三字。

　　古龙泉为明代即有的历史名泉，时称"龙泉"，为龙泉观道人的主要饮用水源。今合龙寺所在的位置原为龙泉观遗址，存有明嘉靖二十五年（1546）和明隆庆二年（1568）《重修龙泉观记》石碑两通。据碑文可知，明代此处是德王府的贡薪之地，名凤开峪。有一道人云游至此，见天生吉象，东现龙、西出凤，地现一碣名"龙泉观"，于是发愿重修了道观。

古龙泉　左庆摄

西泉

西泉位于长清区万德街道陈庄村,又名"中泉"。泉水出露形态为渗流,长年不竭,夏季出涌尤旺,旧时为村民主要饮用水源。泉池呈圆井形,青石修筑,井口直径0.9米,深6米。近年来因改用自来水和村民保泉意识的增强,西泉井口被加盖了水泥井盖。

1996年版《山东省长清县地名志》记载,清乾隆年间,陈氏由莱芜县城东陈家楼迁来建村,命名陈庄。村西有西周时期古文化遗址,村东有油篓山,北大沙河支流从村前流过。油篓山海拔425米,属震旦纪变质岩。该山中下部粗,山顶细而隆起,远望似油篓,故名。

西泉　左庆摄

牛鼻泉

牛鼻泉位于长清区万德街道卧龙峪风景区内，游乐场向东百米路北。泉沿山崖石缝流下，注入溪内。今牛鼻泉泉口被人为导流，泉水通过一根细塑料管，注入乱石围成的不规则泉池内。该泉池宽1尺许，长近2米。

卧龙峪沟谷幽深，山峰陡峭，植被茂密，溪瀑长流，生长有人参、何首乌、黄芩、灵芝等中草药，为市级森林公园。风景区前段地貌突出，区域开阔，有流瀑和沼地，错落有致，层次分明。青龙潭至聚龙居为景区中段，曲折幽静，别有洞天。从聚龙居向后为景区后段，山巅之处的齐长城绵延起伏，东南可望泰山极顶，西北可见沟谷幽深，山光林色，交相辉映。

牛鼻泉　左庆摄

老鸹岭泉

老鸹岭泉位于长清区万德街道坡里庄村西,龙居寺西北老鸹岭上。泉水自岩缝流出,长年不竭。老鸹岭为黄巢寨山余脉,与桃尖山、围石崖诸峰襟连,上有齐长城经过。

黄巢寨山是齐长城沿线的一条重要山脉,为长清区、肥城市和泰安市岱岳区的界山,海拔628米,峰高谷深,山势险峻,传说因唐末黄巢起义军曾在此驻扎而得名。清康熙《长清县志》载:"南黄山,在县治东南一百里。远望崒崔巀屼,高出群峰,此盖泰山余脉,与梁父、徂徕并峙者。"黄巢寨东北向寨门处有高3.5米、宽2米、长约50米的残墙,东有乱石垒砌的半穴式房基6间。峰巅有擂鼓台、跑马场、石臼及旗杆窝等,曾发现有金属兵器、碎陶瓷等。今南寨门内有无字碑1块,高1.48米、宽1.25米,传为黄巢起义军立石后尚未刻字即被迫撤离而留下的。此地还有"黄巢穿倒靴,巧计突重围"的传说。

老鸹岭泉　左庆摄

牛角岭泉

牛角岭泉位于长清区万德街道坡里庄村西，龙居寺西牛角岭东山脚下。泉水出露形态为渗流，长年不竭，为农业灌溉水源。泉池呈不规则形，自然土石池岸。

坡里庄一带山高谷深，水草丰美，种有大面积的茶树，有神龙、威龙两处峡谷。神龙大峡谷处于坡里庄和泰安市岱岳区道朗镇东西门村之间，形成于太古时代，距今已有数亿年历史。峡谷呈南北走向，长约1000米，深160米，陡壁峻峭，层峦叠嶂，奇石遍布，怪石林立。谷内溪流穿行，游鱼细石清澈见底，百花争艳，药草飘香，是寻幽探奇的好去处。

牛角岭泉　左庆摄

龙居泉

龙居泉位于长清区万德街道坡里庄村西，龙居寺大殿前。泉为渗流，自山隙中流出，水流较大，水质清澈甘甜。泉池为石砌圆井形，井口直径1.1米，深2.5米，长年不涸。

龙居寺创建于元代，曾为灵岩寺的下院。此寺三面环山，山势回折如巨龙，南向泰安市境内还建有南龙居寺，所以此寺也被称为"北龙居寺"。龙居寺原有山门、天王殿、大佛殿等建筑，现仅留有大佛殿。大殿前有明弘治、清乾隆年间"重修龙居寺碑"各一通和一棵巨大的银杏树。该银杏树属于雌株，高22米、胸径1.4米、冠幅16米，树身挺拔秀丽，根深叶茂。龙居寺兴盛时，寺僧达400余人，每年农历三月十八，四里八乡的人们都会来龙居寺赶庙会、进香拜佛。相传有一年的三月十七日，寺里的和尚正准备第二天的庙会，刚熬好一锅粥准备吃饭，忽然狂风大作，雷电交加，大雨如注。一道厉闪跟着一声炸雷，闪电击中了银杏树，一根10多米长的树枝穿透屋顶，直插到粥锅里，把饭锅砸了个稀巴烂。和尚们吓得一哄而散，龙居寺就此败落了。

袈裟泉泉群、洪范池泉群

龙居寺　左庆摄

龙居泉　曹建民摄

大王泉

　　大王泉位于长清区万德街道大王庄村的河道中。泉水从岩石缝隙中涌出，先流入泉口外凿石而成的清浅方池（此方池边长2尺许），继而溢出方池，汇入河道，顺势下流。泉水甘洌，四季不断，源源涌出，常有村民来取水和洗衣服。雨季，大王泉出涌尤为旺盛，泉水下泻时发出哗哗水声，与河道上游下泻的山水互相唱和，形成灵动而自然的泉景。

　　此泉因地处大王庄村而称"大王泉"。据大王庄《王氏族谱碑》记载，明洪武年间，王氏祖先王文能由肥城县中栾湾迁居该村，命名"王家庄"。清朝初年，为区别村东王家庄，更名为"大王家庄"，后称"大王庄"。

大王泉　左庆摄

朱家泉

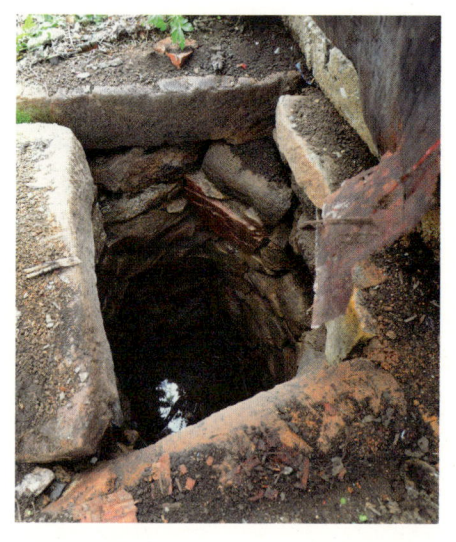

朱家泉　左庆摄

朱家泉位于长清区万德街道朱家泉村村委南 40 米，泉为渗流，水质清澈，长年不竭。泉池呈井形，乱石砌壁，直径约 1 米、深约 3 米。泉自井东壁石隙流出，形成小溪，流入河中。大旱季节，附近村民都至此汲水。

清咸丰年间，朱氏祖先朱玉河由徐家庄迁此建村，因村西有一山泉，命名村子为"朱家泉村"。朱家泉所在位置四面环山，状如石瓮，诸山中以帽山最高。帽山海拔 432 米，面积 4.2 平方公里，山体属震旦纪变质岩，植被以侧柏、油松、刺槐为主。该山为东南、西北走向，站在山的东北方向望去，因其形状似古代的乌纱帽，故名"官帽山"，简称"帽山"。齐长城南北向穿越帽山山脊，长度约 3 公里，现大多只剩残址。有一段石砌长城保存尚好，长 50 米、宽 2 米、高 3.5 米。山顶有玉皇庙一座，今人重修，另有残碑一通，有"帽山""青崖"等字迹可辨。

龙潭

龙潭位于长清区万德街道宋家园村村西的龙王庙北侧，西距黄泉村1里许。在河崖北侧松柏掩映处，有一巨岩兀立，上建龙王庙，庙北侧岩下即为龙潭。龙潭虽为名潭，但其实是一个直径只有3米多的天然小泉池，自然石围砌，池中长年有水，水色因幽深而泛绿。每年大雨过后，龙潭之水出涌旺盛，溢出泉池，于山坡漫流。在泉水滋润下，泉池周围树木葱郁，格外凉爽。昔日，乡民常在此祈雨。今龙王庙尚存，并有清乾隆、光绪和民国初年的碑碣三方。龙王庙之南，隔河相对之山为"龙山"。此山山石嶙峋，松柏苍郁，远远望去，蔚然深秀。

清光绪三十一年（1905）《重修龙王庙碑》载："吾乡石都庄西，旧有龙王庙一座，前有龙山，后有龙潭。山虽不高而以龙名，潭虽不深而以龙称。如遇岁旱祈祷，捷于影响，自古及今，莫不应焉。"

龙潭　曹建民摄

黄泉

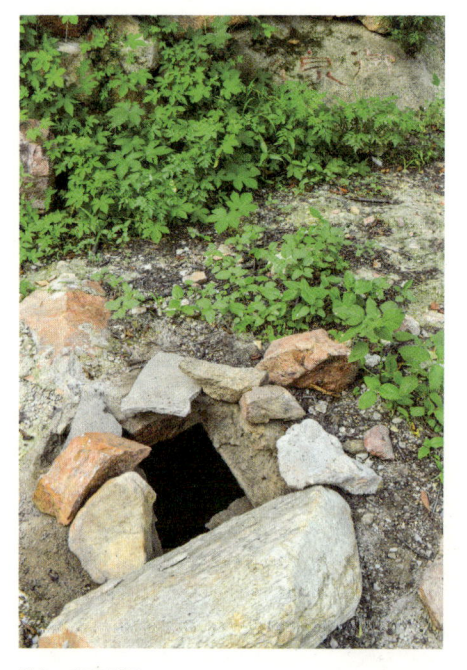

黄泉 曹建民摄

黄泉位于长清区万德街道黄泉村村北，因村名而称"黄泉"。近年来，当地人又根据传说改称为"御泉"。泉水自峪沟旁的岩隙涌出，流入水泥方池，清澄甘美，是村民主要饮用水源。

黄泉村是万德街道裴家园村所下辖的自然村，裴家园种植樱桃的历史悠久，在当地久负盛名。在黄泉边的堰坝上，有两株高5米的古樱桃树。两树冠幅40平方米，树龄逾260年，树干粗硕，树身欹斜，当地人称"樱桃王"。"樱桃王"是小樱桃品种，果实皮薄肉厚，甜中带香。相传，乾隆皇帝下江南经过此地，尝了樱桃、品了黄泉后，顿觉神清气爽，遂赐黄泉名"御泉"，赐两株樱桃树名"夫妻树"。如今，万德街道一年一度的樱桃节都会选在御泉边举行。

晓露泉

晓露泉位于长清区张夏街道积家峪村东北岩洞中，因传说泉水为晨露凝聚而成得名，曾为灵岩寺外八景之一，今为济南新七十二名泉之一。此泉在民国《长清县志》中就有记载，在1997年版《济南市志》中被称为"肖汝泉"。泉洞修葺于明洪武年间，为一坐东向西的天然洞穴，洞高1.8米、宽2米、深3米，洞门由当地木鱼石砌垒而成。整个崖洞上方层石叠叠，下部顽石啮波，左右秀石错落。泉水从山崖石缝中汩汩而出，先流入井形泉池中（池上有石板为盖，石板被凿出一直径50多厘米的孔洞），再

晓露泉　曹建民摄

袈裟泉泉群、洪范池泉群

经池中暗道被导出洞外，从一汉白玉雕刻的龙头中流出，跌进石砌泉池中，溅起白雪般的浪花，声若钟鸣。泉池呈长方形，以石为壁，绕以花岗石栏，池水碧绿，水草招摇，有溢水口可让泉汇入下方的小溪。池东壁龙头上方嵌"晓露泉"刻石，为当代书法篆刻家蒋维崧先生篆书。

近年来，随着保泉护泉力度的加大，附近沿路增修了花岗岩护栏，在泉北侧修建了晓露桥。为积蓄泉池之水，在水池北侧又修建了一处小水坝，扩大了泉池的景观，水盛时泉水溢出小水坝，蜿蜒曲折，流入石店水库。当地村民介绍，晓露泉流量稳定，长年不竭，甘甜清洌，为该村主要饮用水源。晓露泉还是一个很好的晴雨表，当洞内石头上结满露水时，两日内就会下雨。泉洞崖上生有一株古柏，枝干虬结，枝繁叶茂，古朴森然。树高10余米，虬干附着于石上，上生丛干，斜身生长，冠形高大，雄伟壮观。柏树的一边生长着一棵青藤，因年岁久远，藤条粗若树干，秧蔓倒挂在古柏上，与树根盘结在一起。据村民介绍，原来在柏树左右

晓露泉与千年古柏　邹浩摄

晓露泉泉眼　李华文摄

两侧各有一株青藤，后来右侧的一株枯死了。

泉洞南侧立有清同治二年（1863）《重修晓露泉记》碑刻。文曰："岱阴名山惟灵岩为最著者，灵岩之北逾岭有季家峪焉。是峪也，奇峰环拱，屏开千仞，屋宇在隐现中。其自东而绵亘于北者囊云岭，林峦苍秀，鸟语花香。岭之足曲径通幽，其潺湲而泻出于石窦之间者，晓露泉也。不意代远年湮，补缀阙如，土人因而葺之，以壮来往之观瞻，以便乡邻之汲取也。爰镌琳琅以告后之有志者。"碑文中称此村为"季家峪"，山名"囊云岭"，虽没有说明泉始建的具体年代，但表明了泉池被历代修葺，生生不息，爱护此泉已成为当地的良好传统。据村民讲，"囊云岭"是泉东这座山的古称，当地人都俗称"泉子山"。之所以有"囊云"之称，可能和当地的气候有关。村里的祖辈一直爱护囊云岭，在岭上遍植松柏。曾经山上柏树密布，古柏有数百棵之多。山上的植被茂密，又多山泉，所以空气湿润，多有云雾，整座山岭恰似装满云雾的布囊，所以得名"囊云"。

晓露泉东还有眼渍米泉，在渍米洞中。渍米洞坐西向东，泉上的石券洞建于明朝，高约1.5米，由于年久失修，现已倒塌陷入石中，但泉水仍四季长流，从石缝中间不断流出。晓露泉下还有庄岩泉。诸泉水汇流而下，蜿蜒北去。

明洪武年间，姬氏由山西洪洞县迁此建村，命名"姬家峪"。姬氏乏嗣，后以村北山泉浇灌的作物连年丰收，更名"渍米峪"，清道光《长清县志·地舆志》载有"东仓·石保渍米峪"，后衍为"积家峪"至今。积家峪村所在位置为黄家峪的支峪，南边为高大巍峨的五老神山。五老神山海拔625.6米，上层为寒武纪石灰岩，下层为深海沉积的页岩。该山岩崖壁立，山高谷深，因山西北部有五块横列的柱状巨石，远远望去似五位老者而得名。因背依高大厚实的五老神山，又因是沉积地层，故积家峪四周遍布山泉。

庄岩泉

庄岩泉 曹建民摄

　　庄岩泉位于长清区张夏街道积家峪村西北崖下，晓露泉以北。泉水为渗流，出自一幽深岩洞，流量稳定，久旱不涸，旧时为村民饮用水源。泉池长6米、宽1.3米，水盛时溢出池外，蜿蜒东流，与晓露泉水相汇，流入石店水库。

　　积家峪为黄家峪的支峪，高山巨谷中多有清泉，形成北大沙河大娄峪支流的上源，是"张夏玉杏"万亩杏园的核心区。这里土质肥沃，加之地势高、温差大，所产的玉杏果圆肉厚汁多，核小皮薄，色泽橙红，向阳面朱红，酸甜适口，营养丰富。2010年，中华人民共和国农业部批准对"张夏玉杏"实施农产品地理标志登记保护。

井峪泉

　　井峪泉位于长清区张夏街道井峪村村东 300 米处的山峪口，在东西相隔不足 10 米的距离内，有两个出露口。东侧泉水出露口外观是两个相邻的方形井口，井口之下是一个长方形石砌泉池。西侧泉水出露口为石砌方口井，井口边长 0.6 米。为保持泉水卫生，村民用石块将井口暂时封盖。在两处泉水出露口南侧，修有一个六角形蓄水池。

　　明代初年，孙氏由山西洪洞迁此建村，以峪中有泉井而称"井峪村"。村内过去有三处主要泉眼和五座小桥，因此当地有"一步三口泉，八步五座桥"之说。三处泉眼呈三角形分布，彼此间隔距离不大，几百年来，村民世世代代饮用此水。1964 年兴修农田水利工程时，三处泉眼改建为两大水井，2015 年自来水改造时，将泉水引入自来水，供村民饮用，并在井边修建了最长边 14 米、最短边 10 米、深 2.5 米的六角形水池，能储水 500 立方米。

▎袈裟泉泉群、洪范池泉群

井峪泉　左庆摄

富峪泉

富峪泉位于长清区张夏街道井峪村村南大富峪中,为 2021 年 3 月济南泉水普查时新发现之泉。泉池位于半山腰绝壁之下,为长 8 米、宽 3.8 米、深 1.2 米的圆角方池。清澈的泉水从山崖下的石缝中源源不断地流出,经布满青苔的岩壁汇入泉池。泉池附近的石壁因千百年的山水冲刷、浸润,形成状如钟乳石的地质外观。

明洪武年间,孙氏由山西洪洞县迁此建村,以峪中有山泉命名"井峪庄"。当地人传说,这个泉子的水能治疗腹痛、腹泻。

富峪泉　左庆摄

东圣泉

东圣泉位于长清区张夏街道东野老村中，楼台山西南脚下，别名"东野老泉""庄里井池"。泉水出露形态为渗流，长年不竭，旧时为村民主要饮用水源。泉池为长方形，水泥修筑，长 0.7 米、宽 0.4 米。

东圣泉 曹建民摄

《牟氏族谱》载，明崇祯年间，牟氏迁此建村，以村西有野老庄，命名"东野老庄"。据清康熙《灵岩志》记载，野老村"乃晋张忠隐居处也"。张忠，字巨和，中山（今河北平山一带）人，是西晋末年非常有名的道士，为避永嘉之乱曾隐于泰山北岩，即今东野老村。他行为古怪，餐风饮露，依崇岩凿窟为室，修导养之法，追随者众多，和高僧朗公多有交往。前秦苻坚成就霸业后，听说张忠德才兼备，恳请他出山，但被张忠婉言谢绝。苻坚赐安车派人将他送回泰山，经西岳华山时，张忠溘然长逝。苻坚遣黄门郎持节策吊唁，祀以太牢之礼，褒赐命服，谥曰"安道先生"。东野老村关于张忠的传说很多，东野老泉旁曾有 11 棵高大的柏树，树龄在千年以上，传为张忠手植，人称"官柏"，民国时期被人伐掉。

钟南泉

钟南泉位于长清区张夏街道东野老村村南安子峪塘坝边，为 2021 年 3 月济南泉水普查时新发现之泉。安子峪塘坝是一个刀把形的塘坝，泉眼所处位置在刀把根部，平时能看到泉水出流，雨季水大时，泉水会没入塘坝。

据东野老村党支部书记牟现安介绍，这个泉子本来叫"难泉"。东野老村原来没有学校，20 世纪 50 年代，在东野老村主持工作的老村长李玉坤决定，为了育德树人，再难也要给村里的孩子建个学校，就发动村民采石建校。那时没有机械设备，采石全凭铁锹、锤头，相当困难。开采石头的过程中意外打出了一股泉水，村民的干劲更高了，采完石头还可以建塘坝蓄水浇地。

钟南泉　左庆摄

最后，学校建好了，池塘也挖成了。老村长指着池塘说："大家为了建学校、修水池都吃够了苦，做够了难，要让后代记住我们所做的贡献，就叫这个泉子为'难泉'吧。"后来，因为难泉不好听，加之它又位于村南，就雅称"钟南泉"了。

安子泉

　　安子泉位于长清区张夏街道东野老村东南安子峪近峪顶处，一座小山头的崖下，是两眼原生态山泉。两个安子泉处于一个水平线上，相距三四十米。一眼泉水位于一棵水桶般粗的杨树旁，是一个自然石与山崖合围而成的近乎圆形的泉池，直径1米多，池内泉水清澈而充盈，水面几乎与池沿齐平。另一眼泉池与第一眼类似，只是没有用自然石合围，泉水自山崖石隙流出后在山根处形成一个自然水洼，直径约2米，水面虽然漂着绿色苔藓，但水质尚可。此泉旁边建有储水池，将泉水蓄积起来用于浇灌果木和坡地上的庄稼。

安子泉1　左庆摄

安子泉

安子泉 2　左庆摄

　　相传从前村里有一户姓陈的人家，他们吃苦耐劳，生活过得很是富足。美中不足的是，家里添丁时总是男少女多。老族长着急，总怕家业后继无人，便行百里请高人指点。高人让他在土地肥沃的地方挖一个水池子浇地，于是老族长就带领全家人昼夜挖泉。自那以后，他们家里只要添丁就是男孩，而且都身强力壮。老族长为了纪念这个泉子，就给它起名叫"安子泉"，泉子所在的这个山沟也就叫"安子峪"了。

袈裟泉泉群、洪范池泉群

龙马泉

龙马泉位于长清区张夏街道西野老村。泉水出露形态为渗流，长年不竭，为农业灌溉水源。泉池石砌为椭圆形，直径约 30 米、深 3 米。夏季水盛时，水从池口通道溢出，沿河而流，注入岳庄水库。传说唐高宗李治当年自神谷石路骑马去泰山，途经此地，人马正饥渴时，御马脚踏处，忽然涌出两泉，故名"龙马泉"。

龙马泉　左庆摄

三仙泉

三仙泉位于长清区张夏街道西野老村东。泉水出露形态为渗流，长年不竭，亦为农耕水源。泉池为石砌长方形，长1.8米、宽0.8米。

西野老村西北侧山峪中的悬崖峭壁之上有洞名"隐仙洞"，又名"迎仙洞"。民国《长清县志》载："迎仙洞，在石保西野老庄西南二里余野老山中。镌'迎仙洞'三字，两旁小字模糊不清，自洞口至极深处共有七层门，约一百二十余步。头层门右有一石，其形如虎，至四层门北面有一小洞，如佛龛，大约高有二尺余，宽有尺半，深有半尺。旁有石柱，柱之上下皆绝细石疵，玲珑可爱。顶上悬石如葡萄三穗，有水自'葡萄'下流，水源虽小，十人用之不足，一人用之有余。自此至六层门，两壁石形有如狮者，有如象者，有似千佛罗列者，有似人马奔竞者，至七层门又似垂珠帘栊之式。门内奇景更有可观，真所谓灵山洞府也，《秦书》曰朗公尝与隐士张巨和游，张常穴居，此洞为先生所居无疑矣。"

野老泉

野老泉位于长清区张夏街道西野老村中，泉以村名，别名"南井"。泉外观为石砌方形井口、圆形井筒，直径 0.65 米、深 10 米。泉水出露形态为渗流，长年不竭，是当地村民的主要饮用水源。

村民在泉上修建了一座砖砌井亭，将野老泉罩于其中，又在井口上架起了汲水用的辘轳。野老泉旁不远处即是河道，据村民介绍，夏季大雨过后，泉井水位上涨，旁边的河道石岸底部会有泉水侧流而出。

野老泉　左庆摄

华严泉·华严泉北井

华严泉和华严泉北井位于长清区张夏街道花岩寺村。两泉均为渗流，泉水清冽，长年不竭。两泉南北相距约 200 米，规模和水势相当。夏季，两泉出流后沿石渠蜿蜒北上，经黄家峪汇入石店水库。

华严泉　左庆摄

华严泉北井旧照，原有露天泉池　曹建民摄

　　华严泉在花岩寺村村南华严寺遗址南约200米处，泉因寺名，又因在花岩寺村，又名"花岩泉"。清马大相所著《灵岩志》载："华严泉，在华严寺南百余步。"民国《长清县志》载："花岩泉，在花寺南。旧志：在灵岩。"水自池西壁岩缝流出，汇入长条状泉池，长年不竭，雨季尤其旺盛，水盛时溢出池外。为保护泉水，当地人将泉池封盖，留一方形井口以便取水。近年来又建一砖石混搭的泉屋，将泉口罩于屋内。井口下泉池内有清澈泉水流动。

　　华严泉北井位于华严寺遗址，泉水自山崖缝隙流入崖下的泉池，旧时为华严寺僧众和附近村民的主要饮用水源。原来崖下有露天泉池和密封泉池各一个，彼此相邻。为保持泉水清洁，当地村民将水井和泉池棚盖，上留一方形井状口以便取水。

　　华严寺遗址位于灵岩山东麓，与灵岩寺之间有方山为屏障，但有一线天贯通。该寺建筑遗迹荡然无存，为今花岩寺村所覆盖。当地传说"先有华严寺，后有灵岩寺"。有研究者认为，从寺名上分析，华严寺当是一种早期寺院的称谓，很有可能为东晋时期朗公和尚所创。

神宝泉

神宝泉位于长清区张夏街道小寺村村南，方山之阴，神宝寺遗址内，泉因寺名。泉为渗流，从山崖流出后，被引入村头石砌方形水池中。泉水清冽甘美，久旱不涸，旧时为村民日常饮用水源。清代、民国《长清县志》和清道光《济南府志》均有载，清代《灵岩志》载："凿井不能得水，土民于泉源凿池蓄水，遇秋泉旺，则溢出成溪。"

当地有"先有神宝寺，后有灵岩寺"的说法。神宝寺又名静默寺，为北魏正光年间法定禅师与僧明和尚共建，唐开元年间重修时，因北有

神宝泉　邹浩摄

神宝泉　曹建民摄

宝山，东有神谷，更名为"神宝寺"。神宝寺在唐武宗会昌五年（845）灭法中被毁，重建后，又随着灵岩寺规模的不断扩大而式微，改称"小寺"，遂衍为村名。现神宝寺遗址尚存"四大部洲"四方佛一尊，残高1.3米，四佛分别朝向东、南、西、北四个方向。造像造型稳健有力，比例适度，装饰精美华丽，是不可多得的隋唐佛教雕刻艺术佳作。遗址上曾有"大唐齐州神宝寺之碣"碑一通，立于唐开元二十四年（736），1965年移至岱庙炳灵门内，1983年又移于岱庙碑廊内，为泰山名碑之一。清聂剑光《泰山道里记》载："西北二里有神宝泉，下为渍米峪。水北流西折入于中川，上为神宝寺，北魏正光初僧法定创建，今废。有断碑篆额曰'大唐州神宝寺之碑'……"

井子泉

　　井子泉位于长清区张夏街道井字村村内东北部。泉水出露形态为渗流，自池底岩隙流出，积于池内。泉池为长方形，长 3.9 米、宽 3.2 米、深 2.2 米，为村民饮用水源。为维护泉水清洁，泉池被修入一座二层楼房的一楼敞屋内，外观是一个顶部被棚盖、留有方形取水井口的泉池。一般年份，井口内泉水充盈，弯腰即可汲水。

　　井子泉附近另有两口老泉井，水质优良。其中一口老井年代久远，据说是井字村初建村时就有的。该井为自然石砌筑，井口外方内圆，乃一整块方石中间凿出圆形井栏，工艺古朴大气。为保护水源，村里在井口处又添置了铁皮井盖。另一口井是圆口井，在村北部路边的井屋中，青石砌筑，井深 14 米余，长年出水，曾是全村主要饮用水源之一。井边有 1962 年所立的"井字村凿井纪念"碑，碑文为："在党和政府领导下，大兴水利，开发水源，井字村素乏水源，群众饮水困难。本村干部与群众议决邀请王海新先生在村之东首山岭之麓勘察此地有水，即时开掘，深度四丈三尺发现泉源，洋洋流出，水泉下复凿四尺以作蓄水之用。井口以上修建井楼一座，全部工程一月告成，本村自建此井后，解决缺水困难，为此刻石以作纪念。此井地基赵□贵奉送。一九六二年岁次壬寅古历五月初九立。"此碑虽不算古老，但记载了村民齐心协力凿井蓄水的艰辛。

| 袈裟泉泉群、洪范池泉群

井字村 1962 年打出的水井　马静慧摄

井子泉　邹浩摄

  井字村所在山峪古称"进密峪"。相传，油氏由大清河（今黄河）西迁此建村，以村坐落在地势低洼的泉边，命名"井子庄"，后写作"井字庄"，今名"井字村"。

长湾泉

　　长湾泉位于长清区张夏街道长湾村村东。此泉原为渗流，积水成池，泉池直径5.1米、深3.5米，曾为村民的饮用水源。曾经，长湾泉池口被棚盖，位于山峪内一棵栗子树旁边；近年来，当地在长湾泉所在的山峪内修建了长湾水库，泉遂没入水库中。今长湾水库水色碧绿，蓄积起来的泉水用于浇灌山林果木和坡地农作物。

　　明永乐年间，王氏由土门迁此建村，因村南有长形大水坑，遂起村名为"长湾"。因地质构造的特殊性，以上泉村为中心，南到长湾村，北到下泉村，形成了一个条状泉群。这些泉大都出露于木鱼石岩层中，水质清纯甘美，长湾泉便是其中之一。

长湾泉淹没于水库中　左庆摄

王母泉

　　王母泉位于长清区张夏街道莲台山景区山腰梯子崖畔，王母洞北侧。泉自岩壁缝隙中渗流而出，流入人工凿成的圆形泉池之中，泉水不旺，但亦无涸时，池中长年有水。传说王母娘娘出巡时曾在此洗漱，故名。

　　王母洞为莲台山七十二洞之一，分上下两层，洞上有洞，洞中套洞。上下洞之间只有一罅隙相连，登到此处，人只有扭转身体才能攀到上洞，故又名"鹞子翻身洞"。王母洞洞口镌有对联"壶中灵药山中采，宴内蟠桃洞中寻"，横批为"西望瑶池"。洞口内有武士雕像一尊，披甲赤足持剑。

王母泉　邹浩摄

上泉

上泉位于长清区张夏街道上泉村村西。泉水自岩隙流出，通过三个石雕虎头吐入池中，池长 10 余米、宽约 5 米，青石砌筑。池壁开有排水口，雨季水盛时，泉水经排水口所连的暗渠排出。泉水旧时为当地村民的主要饮用水源，现在主要用于农业灌溉。2021 年 4 月济南泉水普查时，上泉石壁上的石雕虎头仅断续滴水，出水微弱。泉池内泉水清澈，深约半米。据了解，夏季雨后，此泉出涌尤为旺盛。

明弘治年间，杨氏由山西洪洞县迁居于此，以村坐落在长湾村观音堂南侧，命名村子为"长湾南堂"。后来，因村位于下泉村南山坡上，更名"上泉"。上泉村南依海拔 625.6 米的五老神山。此山山高谷深，沉积岩地质构造发达，受流水切割，断崖层理清晰。

上泉　左庆摄

夹虎泉

夹虎泉位于长清区张夏街道上泉村村南路边山坡下。夹虎泉背后的山坡高不足10米，长满酸枣树等灌木。由于长年流水侵蚀冲刷，山坡石崖下形成一个天然石棚，夹虎泉之水自石棚下的岩缝流出，就近流入一个长不足2米、宽1米多的不规则泉池。此泉旱季出流微弱，雨季出流旺盛。泉水溢出后沿山峪北流，顺势流入下游的石店水库。夹虎泉所在的天然石棚十分低矮，当地传说在很久以前，此地曾经困住过来喝水的老虎，故名"夹虎泉"。

夹虎泉　左庆摄

赵家泉

　　赵家泉位于长清区张夏街道上泉村西南的一座小山坡下。泉水自岩缝流出，于山脚下积成一椭圆形不规则水池，长轴为1.2米、短轴为0.8米。旱季此泉出流平缓，雨后出流较为旺盛，泉水溢出后沿山峪北流，顺势流入石店水库。据了解，旧时因此泉附近的山坡为赵姓人家所有，故当地人将此泉习称为"赵家泉"。2021年3月济南泉水普查时正值旱季，不见泉水溢流，仅泉口处有清水一汪。

赵家泉　左庆摄

袈裟泉泉群、洪范池泉群

长寿泉

　　长寿泉位于长清区张夏街道丁庄村村东,卧虎台山南侧山脚下。泉自石隙流出,积水成池,据说泉池始建于明朝。为保护泉源,今泉池上用不规则自然石封盖,石下池壁预留一方口泉洞,雨季,泉水自泉洞口外流。洞口上嵌有泉名碑,上面阴刻"长寿泉"三个大字。此泉名碑虽无纪年,但从风化程度看,应该已历数百年风雨。泉洞两侧的条石上镌有楹联,因巨石遮挡,仅能看清上联为"若斗山中水",由此可知,雨季长寿泉出流之盛。

长寿泉石刻　左庆摄

长寿泉

长寿泉　左庆摄

泉口周边多为深海云泥岩层，俗称"木鱼石"，长寿泉即出自木鱼石岩层中。据《本草纲目》记载，木鱼石有"益脾、安脏气、定六腑、镇五脏"之功效，常饮能长寿。因长年饮用此泉之水，村中长寿者尤多，故丁庄村有长寿村之说，此泉亦因之得名"长寿泉"。

袈裟泉泉群、洪范池泉群

青龙泉·卧龙泉

　　青龙泉位于长清区张夏街道莲台山宾馆东南百余米的山坡下。泉水自石墙下流出，流入自然石与石墙围成的三角形泉池。此泉为季节性出流，一般冬春季节无水，夏秋两季出流。此泉原名"龙头泉"，今改称"青龙泉"。莲台山又称"娄敬洞山"，因传说汉代名臣娄敬曾隐居于此而得名。莲台山山势回环如堵，岩崖层叠峥嵘，遍布奇洞，尤以娄敬洞为最。

青龙泉　邹浩摄

青龙泉·卧龙泉

卧龙泉口及泉井内景　邹浩摄

卧龙泉位于长清区张夏街道莲台山景区张仙祠东北约 300 米处。泉为渗流，积水成池，泉水甘洌，终年不竭。泉池为石砌长方形，长 0.68 米、宽 0.42 米。泉水汇入池内后，从水管中顺势漫流，响声悦耳，别有风韵。

张仙祠是为纪念张良而建。传说张良功成身退，隐于历城的张子房洞，其好友娄敬则归隐于长清的娄敬洞山，二人隐于林下，相伴终老。

袈裟泉泉群、洪范池泉群

咋呼泉

咋呼泉位于长清区张夏街道莲台山景区玉柱峰西侧崖下。泉水渗流，为季节性泉。盛水期，泉从水桶般粗的岩孔涌出，水声轰鸣，故名"咋呼泉"。附近还有两眼无名山泉，长年不竭，清冽甘美，煮沸后无垢，常有人来此汲水。

莲台山泉林互相涵养，有独特的小气候，故动植物种类繁多，有树木33科126种，其中珍稀濒危植物5种，鸟类8目4科30多种，森林覆盖率达90%以上，有"江北第一植物园"之称，被辟为省级林木种质资源原地保存库。

咋呼泉泉口　邹浩摄

咋呼泉

咋呼泉下泻　曹建民摄

木鱼石泉

　　木鱼石泉位于长清区张夏街道莲台山长寿泉山庄，因从天然木鱼石岩缝中流出，故名。泉水出露形态为渗流，长年涓涓流淌，旧时曾为附近居民的主要饮用水源。泉池为石砌长方形，宽0.8米、长1米、深1米。今泉池上被部分封盖，从留出的一方形井口下望，池内泉水充盈，清澈见底。

　　近年来，泉池外又修建了一个边长6米左右的大蓄水池，通过管道将木鱼石泉之水抽入大池。大池之水亦清澈澄碧，池旁竹子倒映池中，与池中游鱼相映成趣。

　　莲台山因山势环抱如城，形似佛座莲台而得名。因传说汉代名臣娄敬曾隐居于此，又名"娄敬洞山"。莲台山自古有"世外桃源"的美名，以洞奇、林秀而著称。今山上文物古迹荟萃，有张仙祠、三元宫、玉皇殿等。

木鱼石泉

木鱼石泉外泉池　邹浩摄

袈裟泉泉群、洪范池泉群

段家泉

段家泉位于长清区张夏街道纸坊村村北山峪中悬崖下。泉水从悬崖下石缝中流出，先流入一个石凿的小方池中。小方池边长不足1米，深约0.3米。池壁一侧留有出水口，泉水漫过出水口后，再顺势流入下方一个石砌的大蓄水池中。此蓄水池长14米、宽11米，由不规则自然石砌筑。段家泉小方池旁边的悬崖高六七米。雨季时，泉水出流尤为旺盛，从石缝涌出后跌落池内，颇有风趣。崖壁上刻有"段家泉"三字，旁无纪年。据了解，旧时此泉周围山坡地为段姓人家所有，故将此泉命名为"段家泉"。大蓄水池一角因年久失修，砌石破损，有泉水渗漏而出。

段家泉　左庆摄

纸坊村村北为海拔592米的老仙岭，山高谷深，多出清泉。《江氏族谱》载，明朝中叶，江氏由历城县邱庄迁此建村，以造纸为生，故命村名为"纸坊村"。

于盘泉

于盘泉位于长清区张夏街道于家盘村村北，五郎山南山腰岩下。泉为渗流，水自岩缝流出，进入石砌方池，长年不竭，旧时为村民的主要饮用水源。

于家盘村处在天马寨山的半腰平衍处，海拔 400 余米，是长清区海拔最高的村庄。村北为长清区与历城区的分水岭，山峰高峻，峭壁险拔。自西向东分别排列有天马寨、穆格寨、火焰山、杨家寨等极陡极高的山峰，其中杨家寨海拔 718.5 米。相传北宋时期，杨业与白天祖交战时曾于山顶筑寨，故名。明洪武年间，邢氏来此建村，因村子坐落在山腰间，进村需盘旋而至，故命村名为"盘道庄"。后于氏自济南大槐树迁居该村，人烟兴旺，村子遂于清初改为"于家盘道庄"，后简称"于家盘"。

于盘泉　曹建民摄

袈裟泉泉群、洪范池泉群

银河泉

　　银河泉位于长清区张夏街道于盘村。泉池为石砌长方形，长 2.6 米、宽 1.1 米。泉水自岩石缝隙流出，汇入泉池，长年不竭，旧时为村民主要饮用水源。为保持泉水清洁，近年来，当地人在泉口外修建了一座石砌平顶泉屋，将银河泉罩于其中。泉屋高不足 2 米，仅开有一小门，需搭铁梯才能爬到小门，进入泉屋。

　　银河泉所背依的高山被当地人称为"火焰山"，因山顶山崖参差峥嵘如火焰烛天而得名。银河泉地势高亢，若手可摘星，盛水季节，泉水涌出如银河倒挂，故名。火焰山以西山崖间有巨阙如天门，人称"北天门"，传说为泰山北界。

银河泉外景　左庆摄

双泉

　　双泉位于长清区张夏街道张夏村村东 1 公里的通明山下,双泉庵(今义净寺下寺)大雄宝殿前,有南北相对的两个方井形泉池,故名"双泉",双泉庵因泉得名。两泉池边长均为 0.6 米,深数米,池下相通,长年有水,积水成井。两泉口西侧有参天古柏两株,其中南边一株主干已枯。泉水经孔道自西侧石堰下石雕龙头口中流出,入水池,是寺院主要饮用水源。

双泉　邹浩摄

双泉井口　邹浩摄

　　双泉庵居高崖幽谷之中，古木森郁，泉水常流，清凉静谧。双泉庵曾为四禅寺下院，始建年代无考，明代中叶达到鼎盛，明末遭兵燹，庵堂荒废，清、民国又曾两度复兴。四禅寺初名"土窟寺"，为大唐三藏法师义净早年出家修行之地。

佛殿泉

佛殿泉位于长清区张夏街道双泉庵（今义净寺下院）南配殿的西侧。泉水自岩壁石雕龙头口中流出，跌落进石砌长方池中。池旁立明万历年间《修建南配殿记》碑、《建通明阁记》碑和清嘉庆年间《重修双泉庵碑记》碑等石碑。佛殿泉旱季出水舒缓，雨季出水旺盛。2021年3月济南泉水普查时，佛殿泉虽然出流舒缓，但龙头下泉池内积满清澈泉水。

考诸附近碑文，有"清邑之东，距镇里许有山曰通明，有庵号双泉，诸佛在焉。彼山川之秀丽遥梽岱宗，殿阁之巍峨高接霄汉，屏列苍松，既参差以呈秀，泉涌甘醴，复挹注之不穷。往来通衢者望之，指若仙境然"之记载。

佛殿泉　邹浩摄

袈裟泉泉群、洪范池泉群

王家泉

　　王家泉位于长清区张夏街道王家泉村村南，通沟山东侧石岩下，出露为渗流。泉池南北对列，一为天然石池，一为石砌方池。水质清澈甘美，终年不竭，旧时为村民饮用水源。

　　王家泉所处的位置是车厢峪的最东端，车厢峪呈巨大的弧形，全长7.5公里，两侧山岭起伏，峭壁连绵，山高谷幽，峪底就是王家泉村。在车厢峪的中部，历史上曾有一座规模宏大的寺院四禅寺。相传宋朝初年，

王家泉　邹浩摄

王家泉下景观池　曹建民摄

此处因在四禅寺东界，旧名"寺旮旯"，后又名"磨盘峪"。王家泉东南侧朝佛沟山崖处，有唐至金元摩崖造像近百尊，保存较为完好，其中以"五十三参"最为有名。泉北百余米，有胸围2.2米左右的古柏两株，树根裸露，枝干遒劲，苍翠繁茂。古柏一雌一雄，人称"夫妻树"。朝佛沟"背阴佛"（实为一尊菩萨像）西侧山崖上有一奇洞，洞分上下两层，下层狭长，深不见底，上层宽绰，可容百人，上下洞在中部相通，上洞又东西贯通。此洞名叫"臭虎洞"，相传王氏祖先来此建村时洞中有一只老虎，常于夜间下山到王家泉饮水，时常伤及人畜。王老太太有铁棒槌一对，铜鞋一双。一日老虎又下山饮水，王老太手持铁棒槌，脚蹬铜鞋，追打猛虎，将老虎踢伤。老虎逃回洞中，不久死去，臭气飘出洞外久久不散，故称"臭虎洞"。

朝阳泉

朝阳泉位于长清区张夏街道王家泉村东南，朝佛洞朝阳佛下，故名。泉水出露形态为渗流，长年不竭，甘甜可口，旧时为村民主要饮用水源。泉池为长方形，水泥修筑，长3米、宽1.6米。

朝阳佛为一佛二弟子，隋唐时期作品，在泉东北崖上，面南向阳，故名。朝阳佛南有"五十三参"造像，整组造像坐东面西，中间有一长方形佛龛，正中雕一大佛，左右各一侍佛。佛龛周围，有六层小佛造像，正好是五十三小佛参一大佛。佛龛北边有一题记，仅左上角"王颜玉"三字可识，其余均已漫漶。从诸佛的佛龛、造型、佛座及雕刻技法上看，主佛应为隋代作品，小佛应为唐代。在"五十三参"造像东面，是一尊长须老者造像，旁边是另外三尊造像。从造型和技法上看，应为唐代作品。在南山崖上，还有一尊"背阴佛"，实为一尊菩萨像，造像通高1.15米左右，背景画面雕物丰富，右为净瓶、生命枝等，左为洞天福地，上为无头鸟、雷、瀑、风、雨、浪、云、兽以及五禽戏等图案。造像旁的题记有"圣武年（唐安禄山年号，公元756—757年）季冬记"字样，可知此造像最迟作于唐中期。

朝阳泉

朝阳泉　邹浩摄

朝阳泉　邹浩摄

袈裟泉泉群、洪范池泉群

礼佛泉

礼佛泉位于长清区张夏街道王家泉村东南，背靠老虎沟，北距朝阳泉约150米，为2021年3月济南泉水普查时新发现之泉。泉池为石砌，呈不规则形，长0.9米、宽0.5米、深0.23米。泉水为季节性出涌，旱季出流微弱，水质较为浑浊；夏季雨后出流较为旺盛，泉水可溢池漫流。

王家泉村村东200米有一摩崖佛像，雕刻于隋唐时期，人称"朝阳佛"。2013年10月，该处被山东省政府公布为省级文物保护单位。此泉因地处朝阳佛之下不远处，故名"礼佛泉"。

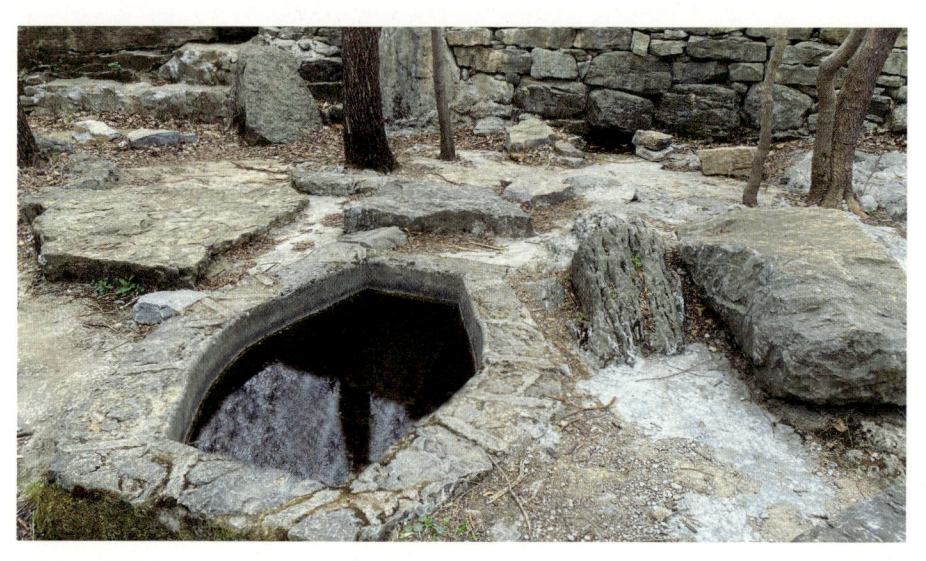

礼佛泉　马静慧摄

杨家泉

  杨家泉位于长清区张夏街道杨家泉村村南山根崖下。此处山崖陡峭，壁立千仞。泉自山崖岩缝中涌出，沿山体顺势跌落，水花四溅，状如飞瀑，入村头蓄水池，供村民饮用。

  明成化年间，杨氏由今历城区迁居该村，以村南有山泉，命村名为"杨家泉村"。杨家泉所处的位置是车厢峪的中部。车厢峪呈巨大的弧形，全长7.5公里，两侧山岭起伏，峭壁连绵，山高谷幽。一到雨季，不但杨家泉飞花溅玉，附近有一些泉眼也会冒出来，咕嘟之声不绝于耳，添得不少依声寻泉的野趣。

杨家泉　曹建民摄

北泉

北泉位于长清区张夏街道北泉村村北岩下。泉水自长 10 余米的岩缝中涌出，汇入一大柳树下的石砌方形泉池，旧时为村民主要饮用水源。泉池边长 0.55 米、深 4.5 米。雨后水盛时泉水涌出，沿一石槽流入峪沟，再汇入一石砌巨型机井中，井水碧蓝，清澈见底。

北泉周边及泉口　邹浩摄

《王氏族谱》载，清中叶王氏七世祖思勤由车厢峪迁此建村，以村北有山泉，命村名为"泉子庄"，后更名"北泉"。北泉村背依王老顶，村南土屋村曾有规模宏大的四禅寺，四禅寺初名"土窟寺"，为大唐三藏法师义净早年出家修行的地方。现在寺址尚存宋代经幢一座、石钟亭一座，山半腰尚存证明功德龛一座。功德龛内有一佛两菩萨雕像、北宋治平年间石像题记一块及碑碣六通。

井字坡泉

井字坡泉位于长清区张夏街道井字坡村广场东侧石崖下。外观是三个井形泉口，泉水出露形态为渗流，旧时是村民世世代代的饮用水源。在高约2米的山崖下并排有三个井口，其中两个井口相距半米，地下相通，其中一个被铁皮井盖所覆盖，另一个井口为方形石砌，井下泉水清澈。第三个井口与铁皮井盖相距五六米，独处于山脚下，井口外方内圆，青石砌筑，井下1米即为清可照人的泉水，经测量，此泉井深4.5米。

《王氏族谱》载，明崇祯年间，王氏八世祖王传方由车厢峪迁来建村，发现村北山坡有山泉，由此下挖成井，供生活所用，故取村名为"井子庄"。清中叶始名"井子坡"，后来衍为"井字坡"。村西北大沙河台地处，有新石器时代到商周时的古文化遗址。

井字坡泉　马静慧摄

清泠泉

　　清泠泉位于长清区五峰山街道五峰山景区洞真观玉皇殿东，九莲圣母殿前崖壁下。因清泉激石，泠泠作响而得名；又因位于志仙峰下，亦名"志仙泉"，是五峰山洞真观的主要生活用水。此泉清道光《长清县志》《济南府志》均有载，为五峰山第一名泉，历史上被列为五峰山内八景之一，现为济南新七十二名泉之一。

　　泉水出露形态为渗流，清澈甘洌，水流平稳，长年不竭。泉渗出后自石雕龙头口中流出，跌落于0.8米见方、0.8米深的池中。而后分成两脉，一脉经溢水口蜿蜒西行约6米，穿过小石桥，跌入连二湾玉女盆；另一脉伏流至亭西侧，从两个石雕龙头口中泻出，落入石砌方池中，池周护以石栏，旁边竖起的自然石上刻"清泠泉"三字。泉水再伏流，泻入玉皇殿东侧龙王殿内的石砌雕栏小方池中，然后又自玉皇殿前石桥下露出，流入卧龙池。泉水淙淙流淌，叮咚悦耳，形成独具特色的泉水景观。此景观在初建时即经过精心策划，泉流设计很符合道家天人合一、顺其自然的理念，呈现"两明两暗，一泉四鸣"的格局。水自东崖流下，潜入亭内池中，作第一鸣，但闻而不见；自亭中出，经志仙桥分成桥上桥下两流，"桥上水，水上桥"暗合了道家万物负阴而抱阳、彼此生息的理念；一脉入连二湾玉女盆，一脉落亭西方池，作第二鸣，在此人们才见其庐山真面；而后再次潜流至玉皇殿东的龙王殿内，作第三鸣；后归于卧龙池，为第四鸣。一泉四鸣，依山绕殿，两明两暗，营造出泉鸣山更幽的佳境，

清泠泉 曹建民摄

  与周边古观古树相映成趣，是天人合一、道法自然的杰作。近年在维修该泉时，对"修旧如旧"的理念有所忽视，亭下小池改流，在南侧崖下建成大水池，并大书"清泠泉"三字于泉池壁上。

  清泠泉第一泉池上建有一单檐四面小亭，名"清泠亭"，因在志仙峰下又名"志仙亭"。该亭建于清嘉庆年间，石柱单檐四角，攒尖顶，四檐翘飞，彩绘斗拱，碧瓦流光。亭子的梁架构造十分奇巧，三层叠起，每层皆为正方形，亭顶则为四棱锥形，极为少见。亭柱正面镌清人黄易于嘉庆二年（1797）以隶书题写的楹联："露滴仙人掌，云流玉女盆。"柱北侧镌清人英和行书联："到此息尘虑，对之清客心。"

  清泠亭西平衍处有一株古银杏树，因有清泠泉的滋养，虽历经千年风雨，依然枝繁叶茂，生机勃勃，被誉为"银杏王"，曾入选济南市"十大树王"。银杏树高约35米，树围6.5米，冠幅24米，覆盖面积500

袈裟泉泉群、洪范池泉群

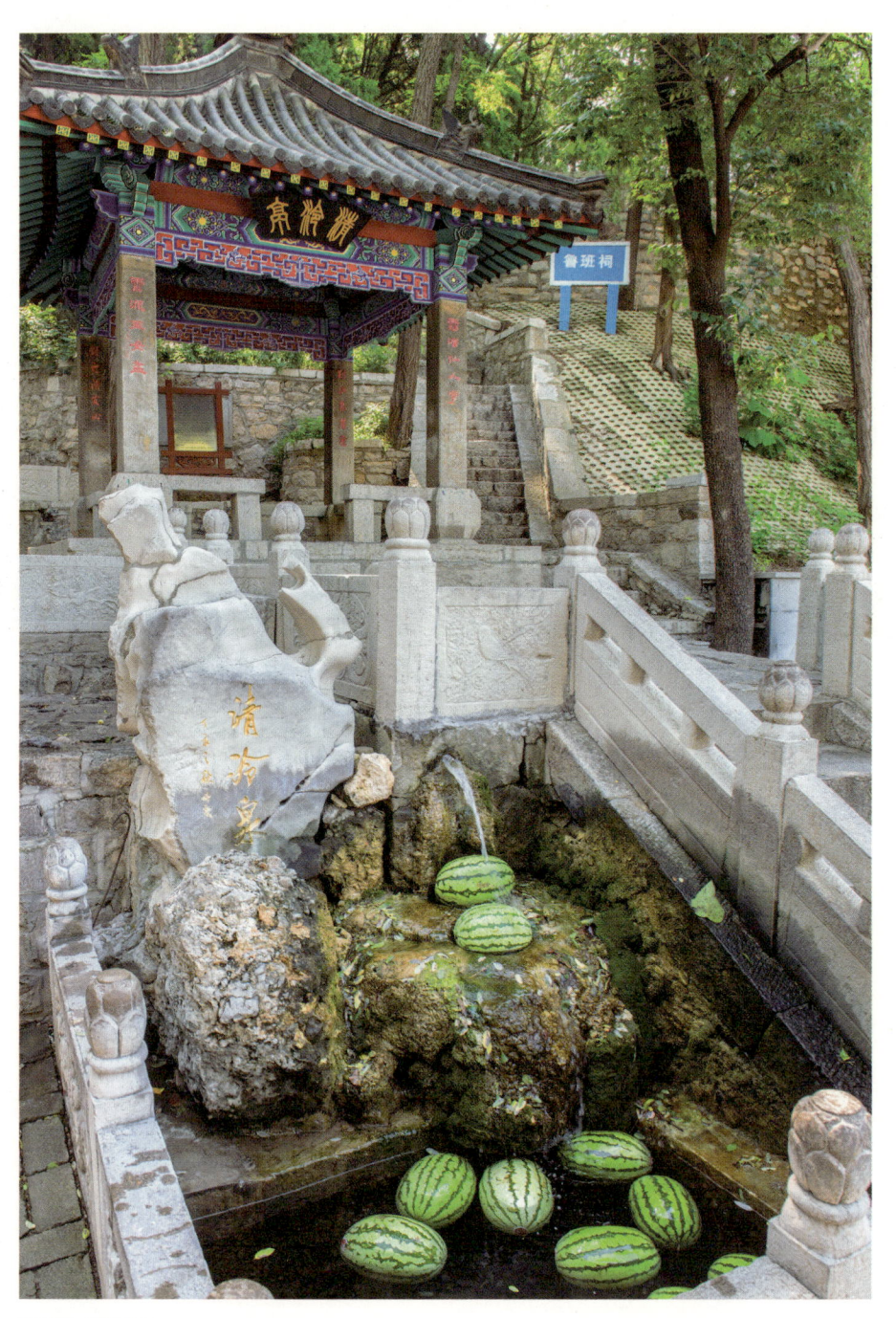

清泠泉　曹建民摄

多平方米，主干需六人才能合围。《五峰山志》载此株银杏树"花中有精子，在植物中为特异"。据说因玉皇殿侧的清泠泉畔位置狭仄，种不开雌雄两株银杏，于是植树道人便将雌雄两株小苗扭结在一起种下，巨木长成后浑然一体，成为雌雄同株的奇观，每年还会结出不少白果。银杏树旁曾有一大一小两棵稀有的金楸树，今只剩一株小树，与银杏树形成"金顶银"的景致。

清泠泉所在的五峰山洞真观创建于金代，为全真教道士丘志原草创，王志深、李志清增修扩建，元明时达到极盛。元代封其为"护国神虚宫"，明代封其为"保国隆寿宫"。明神宗朱翊钧曾命道士周云清辟山重修，"创构宫宇，楼殿岢崇，金碧辉荧，号称极盛"。朱翊钧为供奉其母李太后，修建了一座豪华的九莲殿，尊封李太后为九莲菩萨。清泠泉西的玉皇殿为洞真观主殿，坐北面南，面阔3间，进深3间。硬山顶，上覆绿色琉璃瓦。前出廊厦，檐柱为石质，中间两柱有双覆莲柱础。东西两侧分别为龙王殿和虎神殿，虎神殿中有五音石，敲击可发出宫、商、角、徵、羽五音。玉皇殿前为卧龙池，池上为仙亭桥，桥上及池边有28根石栏柱，号称"二十八星宿"。清泠泉水自上而下，半绕玉皇殿而流，既方便了取水，又构成一组幽静雅致、动静结合的水景观。清人邵承照在《游五峰山记》中写道："前有卧龙池，祷雨辄应，国朝建龙神祠，祠前有泉，出半山中，流入玉皇殿前，汇而为池。后人因建石亭于泉畔，泉流石桥上，昼夜不息，如弹琴击筑声，与山谷相应。"

清泠泉旁除玉皇殿和九莲殿外，还有鲁班祠和东岳殿。鲁班祠北侧有一块约3平方米的乾镜石，石面平整，光滑如镜，会随天气变化显示不同征兆。

白虎泉

　　白虎泉位于长清区五峰山街道五峰山景区东南的白虎峪入口处，泉因峪得名，为五峰山七名泉中流量最大的泉。泉水潺潺，长年不竭，旧时为五峰山道人的主要生活用水之一。泉从水泥塑成的虎口中涌出，注入直径 1.2 米的泉池中。

　　白虎峪为五峰山内八景之一，峪中还有卧虎石、跃虎石、虎饮涧、盘龙柏等景观。传说这里是二十四孝中"扼虎救父"的发生地。相传晋时，杨香年十四岁，尝随父丰往田获杰粟，父为虎拽去。时香手无寸铁，唯知有父而不知有身，踊跃向前，扼持虎颈，虎亦靡然而逝，父子得免于害，老虎遂化为跃虎石。

白虎泉

白虎泉　曹建民摄

白虎泉　曹建民摄

鹿泉

  鹿泉位于长清区五峰山街道五峰山景区鹿泉峪中，五峰阁东南五六十米处的山崖下。水流如注，四季不竭，水质纯净甘甜，为五峰山七名泉中水质最优者。今水注入不规则石砌泉池中，泉旁岩石上镌有清代题"鹿泉"二字。

  此泉所处位置近玄都观遗址，玄都观又称"南观"，清代因避讳曾称"元都观"，曾是明德王府的香火院。民国初年，玄都观废圮。1994年，观址辟为五峰阁宾馆。

鹿泉　曹建民摄

玄明泉

　　玄明泉位于长清区五峰山街道五峰山景区鹿泉峪东侧，在岩石上方，为五峰山七名泉之一。泉属季节性泉，由石崖下涌出，水流如注，日光透林，泉水晶莹夺目。2011年8月泉水普查时已断流。

　　玄明泉上的青崖山上有一无影庙，远远望去，牌坊、石柱、飞檐历历在目，近看却是一片乱石，有"近看为石，远观为庙"之说，为五峰山内八景之一。《五峰山志》载："在山南青崖之麓有大石方广寻丈，远睇之如庙宇然，石侧立，日无影，故名。"

玄明泉　曹建民摄

袈裟泉泉群、洪范池泉群

黑虎泉·万寿泉·缚龙泉·驯山泉·伏虎泉·胜天池

　　黑虎泉、万寿泉、缚龙泉、驯山泉、伏虎泉和胜天池均位于长清区五峰山街道石窝村,统称"石窝六泉"。

　　黑虎泉位于石窝村南部,泉池方形,边长3米左右,自然石砌垒,池壁嵌石雕虎头,水从虎口中吐出,故名。泉上嵌有清道光二十年(1840)《重修北皋碑记》,碑文言北皋不知创于何年。2005年《济南市名泉保

万寿泉　曹建民摄

缚龙泉　左庆摄

护条例》附件一《济南市名泉名录》收录此泉。2021年3月济南泉水普查时，池内无水。

万寿泉位于石窝村老村遗址南部。泉池为石砌方形，池口边长4.8米。泉水从五峰山伏流而下，自池东壁石雕龙头口喷出，跌落于探出的石板上，泉水击石，铿锵有力。石雕龙头上方池壁嵌有1965年雕刻的"万寿泉"石刻。

缚龙泉位于石窝村老村遗址北部，原名"普济泉"。清咸丰元年（1851）的"普济泉"刻石尚镶嵌于池壁。泉为渗流，泉池为石砌方形，东西长4米、南北宽2米、深2米。泉池满盈后，流向下方的驯山泉。昔日泉上有石亭，今尚存莲花形柱基。1965年重修泉池时改为今名，并在池东壁嵌"缚龙泉"泉名石刻。

驯山泉位于石窝村老村遗址北部，缚龙泉下20米。此泉实为缚龙泉的下泉池，泉池形制、规模同缚龙泉。池东壁石雕龙头上方嵌1966年镌"驯山泉"刻石。

伏虎泉位于石窝村老村遗址北部，驯山泉下30米，形制、规模同缚龙泉。此泉原称"永便泉"，泉名刻石今尚存。池畔立有清咸丰元年（1851）

《创建永便泉碑记》碑,碑文称泉池不知建于何年,因为近年水道淤塞,旁出横流,于是合庄村民公议重修泉池,"不数日而功遂告竣",使得村民得以有"近汲之便"。1965年重修泉池,改为"伏虎泉"。

胜天池位于石窝村南部,万寿泉西。1966年创建泉池,形制、规模同万寿泉。池东壁石雕龙头上方嵌"胜天池"刻石。

"石窝六泉"中,缚龙泉、驯山泉、伏虎泉、黑虎泉自东向西一字排开,万寿泉在驯山泉南侧,胜天池则在黑虎泉南侧。据陈明超先生考证,此六泉当为一脉,乃村东南海堂下洛泉一源所发,最终经过人工整治,成六个泉池,目的是方便村内所有居民取水。今村东石庙南海堂边尚有石刻《洛泉堂记》,在南海堂南侧崖壁间,还有漫漶题字曰"五峰山西洛泉"(南海堂正处于五峰山西侧)。南海堂下的厚石板下有泉水泠泠作响,正是古洛泉所在之处。今"石窝六泉"泉流式微甚至干涸,当与洛泉泉脉被阻、泉流他处有关。

石窝村是一个有2600年历史的古村,地处齐鲁之间,是交通要道,古称"石窌邑"。《左传》记载,成公二年(前589),齐顷公在鞌之战中败,撤军途中,有一女子上前拦车,先问国君是否安好,后问家父是否免于战祸,齐侯以为有礼,将石窌赐予她为食邑。《续山东考古录》和今人研究均认为,"石窌邑"便是今五峰山西麓的石窝村。石窝村古迹众多,今南海堂旧址墙壁上嵌有明崇祯十年(1637)本洞道人张真景所立的《会社三年建醮碑记》,上有"古窌杏居"之谓,是古代石窌邑存在的见证。村内曾有南、北二皋(过街阁)。南皋东侧原有明代建筑三官庙,东西配房墙上嵌两方线刻画石。北皋北面为真武庙,碑文记载"庙始建于明,清重修",其建筑形式与三官庙相同。

润玉泉

润玉泉位于长清区五峰山街道润玉泉村村中石崖下。因泉自山崖流下，状如飘雨，取名"润雨泉"，后改称"润玉泉"，村以泉名。此泉在清光绪《五峰山志》、民国《长清县志》中皆有载。原本泉水沿山岩漫流，没有泉池，为方便村民取水和观瞻，村里临岩凿池蓄水，池长3米、宽1米、深3.5米。泉水为渗流，长年不竭，雨季泉水溢出泉池，有的顺着山岩流下形成瀑布，有的沿街旁石渠漫流。冬天池内的水位要比夏天矮近半米，因泉水温暖，每天清晨泉池上方水汽氤氲，颇有韵味。夏季，泉水清凉爽口，村里人只要做凉面，必少不了用到润玉泉的水。

此泉北四五十米处另有一泉，与润玉泉同属一脉，水势不及润玉泉，池畔亦立有"润玉泉"泉名石碑。泉侧有"润玉泉庄"碑，立于1929年，

润玉泉泉池　左庆摄

袈裟泉泉群、洪范池泉群

润玉泉　左庆摄

上置碑帽，旁有小字为"重修碑碣记"，曰："润玉泉錾池蓄水，乡人便之已历有年，原立碑碣今已倾圮。乡人张公凤顺目睹心伤，独倾己囊聘工整理，加盖碑帽，重为起立。虽所费不赀，而张公处之淡如也。而后巍然翼然，可补一村之气脉，壮一方之观瞻矣。"

润玉泉村西、北方，青崖寨、黄山顶等七座山峰锦翠如屏，为五峰山外八景之一的"润玉七峰"。清人于绍舜题《润玉七峰》诗曰："五峰南望七峰连，岚翠遥笼润玉泉。指点初阳刚上处，参差牙笏俨朝天。"

弥山泉

弥山泉位于长清区五峰山街道三官庙村村东,弥山沟内。民国《长清县志》载:"弥山泉在县东南五十五里,马北三官庙庄东。"泉池呈直径1米的圆井形,水泥修筑。泉水出露形态为渗流,长年不竭,为农田灌溉水源。

三官庙村因村中建有奉祀"天官、地官、水官"的三官庙宇而得名。三官庙建于明嘉靖二十六年(1547),历代都有重修。现存庙宇南北长约20米、东西宽约15米,由门楼、影壁、主殿、土地庙等构成。大殿面阔三间,硬山顶,前出厦。三官庙的影壁很精致,基座上有20幅图画,有荷花、菊花、梅花等花卉,也有麒麟、麋鹿、飞马等动物,还有一幅"舜耕历山"的人物故事画,皆雕刻精美,栩栩如生。

弥山泉　曹建民摄

惠泉

惠泉位于长清区五峰山街道徐南山村新村西南,滚球山北麓五色崖下。泉池呈方井形,不规则自然石围砌。此泉为季节性出流,雨季出涌较为旺盛,能溢出井口,漫流山坡。

五色崖紧临南大沙河东支流,临崖为岸,长约百米。多处泉水从岩缝流出,落入崖下河中,长年不竭。夏季滴水如帘,冬季则形成壮观的冰瀑。清道光《长清县志·地舆志·山》载:"滚粟山,县东南二十里,山北石崖皆绚然五色,崖下溪流环抱,以山石陡峻不容一粟,故名。"五色崖畔还出上乘的砚料,民国《长清县志》附《五峰山志》载:"砚石,产滚粟山北五色崖,近水者佳。不惟与红丝龙尾相伯仲,并可以拟端溪珍品云。"

惠泉 左庆摄

滚球山又名"滚粟山""龙象山",为马山镇与五峰山街道办事处的界山,海拔422米,地质地层与马山类似,环山多泉,计有上泉、下泉、月牙泉、明泉、韩家峪泉、徐南山泉、庄南山泉、惠泉、五色崖泉等。

明泉

明泉位于长清区五峰山街道西马庄村西,滚粟山以东,棣山山顶。泉水自岩缝渗出,沿崖坡漫流,在阳光照耀下,闪烁明亮,如明镜,故名。此泉季节性出涌,旱季水流微弱,雨季出水旺盛。

古时,"明泉早照"被列为五峰山外八景之一。清康熙年间,长清进士于绍舜写有《明泉早照》,诗曰:"棣山绝顶见泉流,贮露含云天际浮。日日看山复看水,不知身外更何求。"

棣山为滚粟山余脉,传说棣山名字的由来和燕王朱棣有关。相传朱棣发动"靖难之役",在长清滚球山西的石门镇为铁铉伏兵所败,曾躲到此山寻求庇护,故名。

明泉 曹建民摄

徐南山泉

徐南山泉位于长清区五峰山街道徐南山村南崖下，滚球山山腰处。水从木鱼石质的岩缝涌出，流入长 2.5 米、宽 1.3 米、深 2.2 米的石凿水池内，长年不涸，水质颇佳。池北壁留有出水口，夏秋季节，泉水溢出北流，跌入西侧涧中。此泉为徐南山村出流最旺盛的老泉，因村名而称"徐南山泉"。为使饮用水安全卫生，村民对泉池进行了棚盖，留有长方形井口，并铺设水管，引水入村饮用。由井口下望，可见泉水充盈，澄澈见底。

1996 年版《山东省长清县地名志》记载："明永乐八年（1410），徐氏由今齐河县故城北徐家老庄迁此建村，以村南山下有大沟，命名徐家大沟。1951 年因村名不雅，更名徐南山。"

徐南山泉　左庆摄

北泉

　　北泉位于长清区五峰山街道北套村村北。水从岩缝渗出，跌落崖下，汇入石砌方池内，池长约 6 米、宽约 4 米。此泉季节性出涌明显，旱季出水微弱，雨季出流旺盛，漫流山坡。

　　北套村村北山上危岩壁立，回堵如城，山顶巨崖上有一通明石穴，高 1.5 米、宽 2 米余，远望如明月悬空，人称"窟窿山"。当地传说，当年杨二郎担山追日，到此处放下担子歇脚，再起身时因用力过猛，将担子一头的山给挑豁了，于是两座山就落在了此地。挑豁的山是来佛山，完好的山是窟窿山。

北泉　马静慧摄

龙涎泉

龙涎泉位于长清区五峰山街道北套村中。泉水出露形态为渗流，长年不竭，是北套村居民建村 600 年来的世代饮用水源。泉池外观为石砌方口井形，边长 0.7 米。井沿青石浑厚，其风颇古，历经数百年使用，磨出一道道井绳沟。夏季水盛时，泉水从井壁侧流而出，向西注入一个长 20 余米、宽 10 余米的大泉池。泉边有粗壮古柳荫护，村人经常浣洗于此。

泉旁立有两通龙涎泉泉名碑，立于 2013 年，背面刻有北套村"两委"会所记的立碑始末："观龙涎泉，碧水湍涌，浪花溅珠，声震远近，池水漾波，长渠绕村，壮哉齐景。虽前有立石撰文记述，然石碣剥蚀严重。莅临者房公立民、郭公廷山、赵公传利、刘公曰山倡议修之，慨然全资增立此碑。请本村籍书法家刘小青先生为龙涎泉题名，以扬水韵，并告慰六百年前建井先人，亦不泯天赐物华。"

据了解，该村是历史悠久的老村。明洪武年间，以村坐落在王峪村北山环处，更名"王峪套"。1940 年为区别村南王峪，村名改称"北套"。

龙涎泉

龙涎泉泉池　曹建民摄

龙涎泉泉口　曹建民摄

玉珠泉

玉珠泉位于长清区崮云湖街道土山村东南，白虎山北麓，崮云湖南畔。泉水自石崖下三个碗口粗的岩缝洞穴中依次流入上、下两池。上池为石砌长方形，岸石斑驳；下池池长7.3米、宽3米。泉水自池中溢出，沿小溪东流，入崮云湖。此泉水量大且清冽甘美，是附近居民主要饮用水源，亦兼以灌溉。近年来，土山村对玉珠泉进行了整饬，修了泉亭，由长清籍著名书法家武中奇题写了泉名。

此泉清道光《长清县志》《济南府志》均有收录。《长清县志》中称："崮山南三里许，出山崖下，状如井筒，水与地平，深不过二尺余。虽大旱，河井皆干，而此泉不竭。附近数十村庄、崮山驿马，皆需此水。灌溉近泉地数十亩，不费人力。"民国《长清县志》称此泉为"东泉子"，"在山茌区土山庄，水颇旺，附近灌田若干亩。世俗天旱，乡村祈雨者多来此取水"。

关于白虎山，还有这样一段传说。很久以前，一位神仙带着两只白虎出游。它们来到玉珠泉旁，被这里的景色所吸引，任神仙怎么呼唤也不愿返回。神仙想："老虎本是山野之物，就成全它们吧。"但他怕老虎日后伤人，就施了法术把老虎的爪牙磨平。两只老虎白天在山上玩耍，晚上到山下的玉珠泉饮水，久而久之就化作了山峰，故当地人称此山为"白虎山"。

玉珠泉

玉珠泉　左庆摄

皇姑井

皇姑井位于长清区崮云湖街道皇姑井村中,出露形态为涌流。泉池上面棚盖后又分出两个圆形井口,直径各 0.8 米,井深 20 余米。大雨后,泉水从井口汩汩喷出,能高出井口约 20 厘米,泉流如瀑,声如虎啸。民国《长清县志》载:"夏秋间,水自井口涌出。虽大旱,水亦不竭。"

此泉清康熙、道光《长清县志》,道光《济南府志》均有收录。关于此泉的由来,《长清县志》载:"韩姑井,在县东南十五里,地名池子村。山枯无泉,居民苦之,韩姑毅然募工,穿凿数丈始及泉。人咸德之,遂呼今名。"后来泉边建起皇姑庙,井遂名"皇姑井",并成为村名。昔日,皇姑井北侧有几通清代石碑,南侧还有一座皇姑庙,庙内大殿供奉着皇姑。后皇姑庙被拆除,相关石碑也被砸毁。

关于"韩姑井"改称"皇姑井",当地还有一段传说。乾隆皇帝下江南时,路过此地,正值酷暑,恰遇韩姑。乾隆皇帝上前寻水解渴,韩姑便热情地指引乾隆来到井边,取水送予乾隆。乾隆喝到甘甜的泉水后,龙颜大悦,便认韩姑为干女儿。韩姑成了皇姑,"韩姑井"也就自然改称"皇姑井"了。

皇姑井

皇姑井　曹建民摄

王家泉

　　王家泉位于长清区崮云湖街道王家泉村村南。泉水出露形态为渗流，旧时为村民生活水源。2013 年版《济南泉水志》记载："（王家泉）泉池南北对列，一为天然石池，一为石砌方池。水质清澈甘美，终年不竭。池口半弧形覆盖，为村民饮用水源。"现泉池口为自然石覆盖。

　　王家泉村村南有衔草寺遗址。衔草寺建于北魏，由西域高僧求那跋摩草创，几度兴废。建寺时，僧人与当地民众像小鸟衔草筑巢似的一块石、一块砖地积累，故名。遗址现有元代浩公墓碑一块、元代石塔一座。石塔为方形单层，叠涩出檐，四角攒尖，最上面置方形塔刹。石塔上沿转角处有龙首四出，虽造型粗糙但苍劲有力；西面开拱门，门楣上有游龙戏珠图案。因造型别致，人们俗称此塔为"塔寺"。

王家泉　左庆摄

履泉

　　履泉位于长清老城区南门里街 25 号。民国《长清县志》载:"南门大街中间迤西,有井号'履泉',沾润万家,虽亢旱之时,水亦滔滔不穷。"泉池呈圆井形,井口直径 0.7 米,水泥修筑。井旁原立有李公篆书碑记,今不知去向。泉水出露形态为渗流,长年不竭。现泉水久已不用,井口被覆盖。

　　履泉在旧时被列为长清"邑中八景"之一,曰"通衢名泉"。有诗赞曰:"名泉原不厌繁华,分润城垣数百家。澈底澄清秋月照;携瓶争汲夕阳斜。珍珠联涌波频动,蝌蚪留题篆亦嘉。饮此居民无限乐,延年较胜服丹砂。"

履泉　左庆摄

青龙潭

青龙潭 曹建民摄

青龙潭位于长清区孝里街道大峰山景区峰云观内东石室中。泉水自石室东壁的石雕龙口流出，长年不断，汇入石室内长2.2米、宽1.3米的石砌长方形泉池，为峰云观道士饮用水源。该石室为青石拱券结构的无梁殿，拱门上方嵌"青龙潭"石匾。2021年4月济南泉水普查时，泉池水深0.4米。

青龙潭泉水旺盛，古时道人随形就势修筑了一条暗渠，将青龙潭之水引至待月泉，又从待月泉引流至圣水池，使整个道院都能就地取水。有了丰沛的泉水滋润，峰云观内古木参天，酷暑时节也是一片清凉。

豆腐泉

豆腐泉位于长清区孝里街道大峰山景区峰云观内北岩洞中。此泉与青龙潭为邻，直线距离10余米。泉水出露形态为渗流，四季不涸，夏季泉水会漫出泉池。水自面积20多平方米的石洞顶端滴下，落于洞内泉池，滴答作响，颇有情韵。泉洞中有数级台阶，逐级而下可取水。

豆腐泉　曹建民摄

豆腐泉内景　雍坚摄

　　2021年4月济南泉水普查时，现场测量泉池长4.9米、宽3.4米，水深为2.1米。泉水pH值为8.45，呈弱碱性，可与卤水功效相媲美，能用来点豆腐，因而此泉得名"豆腐泉"。

双花泉·大泉

双花泉位于长清区孝里街道大峰山峰云观东南面,季节性出流明显,一般旱季水流式微甚至干涸,雨季则泉涌旺盛。2021年4月济南泉水普查时,双花泉已无水。

双花泉有两个泉眼,冒出的泉水形似两朵盛开的花,故名。据说,自东汉以来一直有道士在此居住。双花泉与峰云观相得益彰,相映成趣,后来就有了"泉映峰云观,云观赏泉响;双花泉泉涨,峰云观观旺"的说法。

大泉 曹建民摄

大泉位于长清区孝里街道大峰山主峰西北侧三教堂的山崖间，南侧山下为岚峪村。大泉旧为岚峪村人的日常饮用水源，泉水自岩缝流出，水量丰沛，长年不竭，因此被称为"大泉"。泉池为石砌长方形，长0.55米、宽0.35米，水深1.1米。池壁上青苔铺绿，与池中的树影相得益彰，为泉池增添了生机。

三教堂旧为大峰山五景之一，其建筑为青石拱券结构的无梁殿，攒尖顶，高4米、内阔5米，始建年代不详。殿旁立有1937年《重修三教堂碑序》碑。碑文记载："此山有五景，前有簸箕掌，后有天麻峪，左有璇玑洞、云峰庵，右有三教堂。"三教堂南侧原有两方卧碑，其中一方为《三教堂重修碑记》碑，立于清乾隆三十一年（1766），碑文记载："庙前大泉之水惟岚峪庄所治，是以持报此庄日用，不许外庄侵扰。"如今，引大泉之水入岚峪庄的沟渠还发挥着作用。大泉四周还有一些小泉，如压泉、石匣泉、核桃泉等，被当地人统称为"七十二泉"。此外，在三教堂北边还有一处禅寺遗址，有"九亩地里耙和尚"的传说。

璇玑泉

璇玑泉位于长清区孝里街道大峰山璇玑洞内，故名。泉水出露形态为渗流，长年不竭，汇入洞中凿石而成的小池内，池呈马蹄状，深约0.2米。夏秋季节，泉涌旺盛，泉水溢出小池，漫流于洞中。

璇玑泉　陈明超摄

袈裟泉泉群、洪范池泉群

璇玑洞 雍坚摄

  大峰山有五大景，璇玑洞为其中之一。璇玑为星名，在此指该洞为一山之关键玄妙之所在。洞口狭长，高 10 余米，洞内最高处 25 米，宽 16 米，洞末最窄处变为一罅隙，深不可测。有人说长数十里，和肥城陶山香炉洞相通。传说有一年一只犬追赶一只兔子，追到洞里最深处，兔子钻入石缝，从陶山逃了出来，这只犬紧随而出，全身的毛都被蹭光了。

玄天泉

　　玄天泉位于长清区孝里街道大峰山景区璇玑洞上方山崖下，云峰庵遗址内。泉水出露形态为渗流，汇入崖下一石砌长方形泉池。池长 2 米、宽 1.5 米，被块石以叠涩法棚盖起来。鲜为人知的是，此泉之水又通过暗道向下流入璇玑洞旁一崖洞内的不规则泉池中。该泉池长 3.5 米、宽 2.9 米，水深 0.6 米，池水清澈。若从泉水来源区分，此洞内泉池当为玄天泉之下泉池。

玄天泉上泉池　雍坚摄

袈裟泉泉群、洪范池泉群

玄天泉下泉池　雍坚摄

　　玄天泉下泉池所在的岩壁高有20余米，上有古柏、黑檀，下有洞窟，前有璇玑道观遗址。玄天泉之名来源于璇玑道观所奉主神玄天上帝，即真武（玄武）大帝。璇玑道观的主殿真武殿依穴成殿，现神像皆无。洞旁壁上有刻于明嘉靖二十六年（1547）的《玄天神宇碑记》。其南侧壁上圣父圣母洞雕有玄天上帝父母之像，刀法细腻，造型精美。璇玑道观现尚有石阶、院墙、山门、照壁、东西书房等，近年民间又略有修缮。清末太谷学派北宗掌门人张积中曾建璇玑洞书屋于此，并撰联曰："引大河以南，势趋叠石；揖泰山而北，啸入璇玑。"

鲁韵泉

鲁韵泉位于长清区孝里街道大峰山西齐鲁轩附近，为2021年济南泉水普查时新发现之泉。此泉自公路山岩下渗流而出，依次流入上、下两个泉池。上泉池邻近泉口，形如小舟，为就地凿石而成，泉池清浅，长不足1米，宽不足1米。下泉池呈弯月形，长约3米、宽1.5米，人工砌筑。上、下泉池虽然蓄水不多，但池内泉水清澈，别具情趣。

鲁韵泉为古泉，当地有牧羊者管它叫"酒盅泉"，因其虽小如酒盅，但长年不涸。此泉西对黄河，背靠泰岳，上有森林万顷松涛，下有黄河千里波澜，齐长城自此经过，小小酒盅泉却映照着山河，见证着历史。

鲁韵泉　左庆摄

袈裟泉泉群、洪范池泉群

齐风泉

齐风泉位于长清区孝里街道大峰山齐鲁轩附近，为2021年济南泉水普查时新发现之泉。因大峰山有齐长城经过，泉址附近又建有齐鲁轩，故将此泉命名为"齐风泉"。

此泉自山岩缝隙渗流而出，泉口外是人工围砌的不规则泉池，有五六平方米大小，水清而浅。据了解，2016年泉边新修生产路时，在鲁韵泉下20米处又新掘得一泉，当地村民砌泉池给予保护，并在此泉上方筑望谷亭一座。

齐风泉　左庆摄

南泉

南泉位于长清区孝里街道马岭村南山山脚下,因而得名"南泉",为 2021 年 4 月济南泉水普查时新发现之泉。此泉原为山岩下自然出露之泉,1949 年前后,村民将泉口修砌为池。近年来为保持泉水清洁,将泉池棚盖,上部预留出三个井口,以便村民取用。据了解,南泉曾长期为周围村民提供饮用水源,近年来当地通上自来水后,村民就不再饮南泉之水了。

传说,村中先祖寻找水源三天三夜不休,人困马乏,行走间老马奋力一踏,踩出一个小坑,接着,马化为马陵山,马眼化为马眼泉。随着村庄人口越来越多,马眼泉的水量已不够村民吃用,于是大家围着马陵山找泉,最后在村南马陵山山脚下挖出水源,就是南泉。

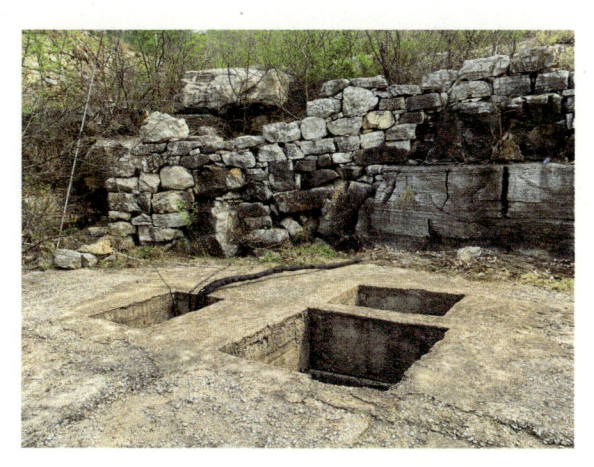

南泉全景　孙佳琪摄

罗汉泉

罗汉泉位于长清区孝里街道方峪村村南山峪中。泉池呈长方形，面积约150平方米，池水幽深碧绿。泉水自泉池一角的岩石缝隙中流出，四季不竭。泉池周边的山体植被覆盖率很高，为泉水出涌提供了保障。

方峪村全年降水较少，春旱严重。1949年后，为了积极响应党和国家兴修水利的号召，全体村民聚人聚力，历时3年在罗汉山下建起罗汉泉蓄水池，修建了千余米的水渠，将水引入村内，解决了全村的用水问题。此泉是20世纪70年代村民为解决生活用水紧张而人工开凿出来的泉，因所在的位置距村南的罗汉山约2公里而得名。20世纪80年代后，当地村民开挖深水井，目前此泉已经不再作为饮用水使用。

方峪村以至今仍保持着古香古色的石头民居而闻名。2016年，住房和城乡建设部公布方峪村入选第四批中国传统村落名录。

罗汉泉

罗汉泉全貌　孙佳琪摄

袈裟泉泉群、洪范池泉群

鹁鸽泉

　　鹁鸽泉位于长清区孝里街道方峪村西峪鹁鸽山半山腰处，当地百姓也称此泉为"西峪泉"，为2021年4月济南泉水普查时新发现之泉。鹁鸽泉自人工砌筑的石堰洞中流出，洞的顶部为石砌拱券结构，于20世纪60年代砌筑。此泉长年流水，由于所处地势较高，雨季一般出流量大，平时则较为平缓。

　　此泉现已不作村民饮水之用，但仍为灌溉用水。鹁鸽山因崖洞中长年栖息着野鸽子而得名。清咸丰年间，当地群众在山上筑寨防兵乱，称"鹁鸽山寨"。抗日战争时期，鹁鸽泉还为大峰山抗日游击武装提供了水源。

鹁鸽泉及洞内景象　孙佳琪摄

汇宝泉

汇宝泉位于长清区孝里街道房头村村东。泉池为石砌长方形，长 7.7 米、宽 4.4 米、深 5 米多，泉水自池底岩缝涌出。此泉为季节性出流，雨季出涌旺盛，大雨过后往往能溢出泉池，流入西侧直径约 20 米的天然水塘，塘深如潭，水色墨绿，可资灌溉。

房头村初名"防头"。《左传》杜预注载："平阴城在济北卢县东北，其城南有防，防有门，于门外作堑，横行广一里。巫山在卢县东北。"据传，此村秦汉时期初建，以村临齐长城西头，遂名"防头"。后来，房氏迁居于此，更名"房头"。现村东马陵口存有明万历四十七年（1619）《创修马陵川石盘路记》碑，上有"房头庄"名的记载。

汇宝泉　孙佳琪摄

袈裟泉泉群、洪范池泉群

圣井泉

圣井泉位于长清区孝里街道房头村东南侧，房头村小学旧址门外。泉水出露形态为渗流，旱季出水量小，雨季出水量大。泉池为圆井形，直径 5.7 米、深 17 米余，雨季水盛时，水面距池岸仅 1 米。池顶半掩，旁建抽水机房，旧时为全村饮用和农田灌溉水源。在长清诸泉中，若以泉池深度相较，圣井泉当排于前列。

房头村南依高大的陶山，山高谷深，清泉遍涌，成为清水沟的上源。清水沟是长清的重要河流，于孝里街道老王坡注入黄河，全长 13.5 公里，流域面积 107.8 平方公里，为季节性河流。

圣井泉全景　孙佳琪摄

响泉

响泉位于长清区孝里街道房头村西南陶山之阴的响泉峪内。泉水出露形态为涌流，水自岩隙涌出，长年不竭，汇入深潭。泉池为石砌方形，边长 5.4 米、深 30 米，潭顶用水泥板棚盖，留有方形井口。盛水季节，泉水由潭口溢出，顺山谷腾突而下，水声响亮，故名。

房头村流传有"五龙伐木"的故事。话说朱棣夺了侄子的天下，在北京大建皇宫，听说陶山山高林密，多有大木，于是派了五条龙来伐木。五龙化作人形，在响泉沟没白没黑地干活。村里一位老妇人看他们可怜，经常给他们送饭。五龙完成伐木任务后，返京时腾云驾雾，掀起的风浪冲得家家户户房倒屋塌，唯有老妇人的房屋留下一个房头，于是村子更名为"房头"。

响泉　曹建民摄

龙泉

龙泉位于长清区孝里街道龙泉官庄村中河道边。泉水出露形态为渗流，自崖畔渗出，流入长 5.7 米、宽 2 米、深 6 米的石砌水池，水量颇丰，长年不竭。池口棚盖，留有三个长方形取水孔。泉上有泉亭，旁边曾建有十八罗汉庙，庙里石壁上雕刻有十八罗汉像和精美的壁画。后庙被拆毁，仅留下两块长条形石板砌在井口上，石板上的莲花纹雕刻清晰可见。

龙泉以北为龙泉寺遗址，当地有"毁了龙泉，兴了灵岩"的传说。古时龙泉寺处于长清至肥城、平阴的官道旁，车马不息，香火鼎盛。传说龙泉寺建于唐初，占地五六亩，规制齐全，建筑巍峨，寺内僧侣众多。最神奇的是，院内有一口八宝琉璃井，外出化缘的僧人如果丢失财物，不必急着去寻，回到寺中，可从八宝琉璃井中捞到。后来，寺里和尚多有为非作歹之举，有一次欲加害一过路赶考的举子，举子逃脱后高中状元，便奏请皇上，拆了龙泉寺。寺里的和尚和香客只得转去灵岩寺，冷清的灵岩寺从此香火兴盛起来。现龙泉寺仅剩残碑断碣。

龙泉　曹建民摄

黄崖泉

黄崖泉位于长清区孝里街道南黄崖村东首，又名"仙人井"。泉池呈直径 1.5 米的圆井形，深约 10 米，从未干涸。泉水出露形态为涌流，水势旺盛。雨季水自井口溢出，旱季水深亦在 8 米以上，方圆八九里的村民均至此汲水。乡民传此泉与海相通，故又称此泉为"海眼"。

黄崖村自古缺水，打了好多回井都不见水。传说有一年大旱，村民又集资凿井，凿了很深也不见出水。人们正在着急，这时从南边缓缓走过来一牵马老者，来到打井的地方，请村民给弄点水饮马。性急之人对老者吼道："人喝的水都没有，上哪儿弄水给你饮马！"村中一老汉心地良善，想回家取仅有的半盆水饮马。老者说不必，并指点说在井的下半部朝西北方向用钎子猛凿三下，定可出水，说完便牵马北去。村民一试，果然水出如涌。大家忙去追老人，欲表谢意。当追到中、北黄崖交界处时，只见那马就地一滚不见了踪影，再看老者，已现身成关老爷。因这井是经关老爷指点才出的水，人们便名之为"仙人井"，并在关老爷现身处修建关帝庙一座，以示纪念。

黄崖泉　左庆摄

井峪泉

　　井峪泉位于长清区孝里街道井峪泉村。泉水出露形态为渗流，旧时为村民饮用水源。泉池为不规则青石垒砌，长 1.9 米、宽 0.9 米、深约 2 米。2021 年 4 月济南泉水普查时，井峪泉出流微弱，仅池底有一汪清水。泉池旁又新修一椭圆形蓄水池，通过水管将泉水引入其中。

　　井峪泉村现为北黄崖所属自然村，在梯子山东南脚下。1975 年，村人由北黄崖迁此建村，以峪中有山泉，命此峪为"井峪"，俗称"葫芦峪"。梯子山海拔 374 米，因山势陡峭，登山如登梯，故名。山顶为崮形顶，上有大型团城式山寨，是齐长城主线上的"第一大寨"，有石砌叠涩式石屋 200 余间。众多石屋随形就势而建，或聚或散，错落有致，层次分明。此寨村民称其为"刘黑七寨"，据说民国时期山东巨匪刘黑七曾驻扎在此。

井峪泉

井峪泉　左庆摄

双泉

双泉位于长清区双泉镇双泉庵遗址，小马山南麓。泉水出露形态为渗流，长年不竭，因由两个泉池组成，故名"双泉"，又名"鸳鸯池"，泉池上嵌有清代镌刻的"双泉"二字。近年，村里对泉池进行了整饬，修成一圆一方两个泉池：圆形泉池约2米见方，水深约1米，称为"寿泉"；方形泉池长约2.5米、宽约1.5米、深约2米，称为"福泉"。泉水流出池外，有曲水流觞之意境。

池畔还建有映月亭及待月湾，泉池底部与待月湾有暗道相通，形成"水上桥，桥上水"的景观。双泉旁的双泉庵曾是一处规模很大的古建筑群，亭台殿阁，错落有致，香火旺盛。双泉庵庙会曾与泰山庙会、马山庙会齐名，并称"齐鲁三会"。相传唐代"药王"孙思邈游历至此，见此处山清水秀，药草丰富，便居住下来，潜心采集药草，悉心研究，著成《千金方》第三卷。后来，人们为纪念孙思邈，在此修建药王庙一座，周围三县百姓，凡家有疾症者，都前来拜求药王老爷，然后取两泉之水归而饮之，百病皆除。到了明万历年间，百姓又重修药王庙，扩修为十大院落，新增了玉皇大殿、真武大殿、忠义大殿（有刘、关、张三英塑像）等建筑，香火缭绕，蔚为壮观。后庙宇被拆，庙会绝迹。

双泉

双泉泉池外水景　左庆摄

双泉全景　左庆摄

袈裟泉泉群、洪范池泉群

清泉

　　清泉位于长清区双泉镇清泉峪村东河沟边。泉水出露形态为渗流，长年不涸，旧时为村民饮用水源。泉池呈方口井形，长1.02米、宽0.69米、深3.2米。泉口外筑有六边形水泥井台，以方便村民取水。由井口下望，井石规则浑厚，素面无饰，其风颇古。每到夏天大雨之后，泉水便溢出井口，漫流入河，颇为壮观。

　　清泉峪位于银子山西脚下。据传该村原名"泉头庄"，以村东有山泉而名。后来，因泉水澄清，更名"清泉峪"。清泉峪所处的位置正是宾谷河的上源，这里三面环山，林茂泉丰，附近有40余个村庄，153处泉水。这些泉水汇聚一处，蜿蜒北去，成为宾谷河的源头。

清泉　左庆摄

圣仙泉

圣仙泉位于长清区双泉镇李庄村村东安台山西坡。泉口为自然石围砌，大致呈圆井形，直径约1米，深约1米。泉水自池底石隙涌出，长年不竭。泉旁卧牛石上镌有"圣仙泉"三字，纪年为"光绪廿五年（1899）"。此泉之水通过暗道注入旁边一大一小两个蓄水池，小池约4平方米，大池约50平方米。2021年4月济南泉水普查时看到，泉井中泉水充盈，距地面约1尺。旁边两泉池中均注满泉水，水色泛绿，状如明镜。

李庄村历来缺水，旧时村民曾通过管道引此泉之水至村东，注入直径1.3米的石砌圆井形水池内，供全村人饮用。因该村多长寿者，故当地村民称此泉为"圣仙泉"。《长清县地名志》记载，明万历年间，李氏由大清河（今黄河）西李家隤迁居该村，命名"李家庄"。清光绪《肥城县志·地舆志》载有"李家庄"之名。1937年，李家庄由肥城县划属长清县。

圣仙泉　左庆摄

黄立泉

　　黄立泉位于长清区双泉镇黄立泉村东南，九顶莲柱山西麓。传说泉边常有黄鹂鸟栖息，初名"黄鹂泉"，后讹为"黄立泉"，村以泉名。泉水出露形态为渗流，自深约8米、宽约3米的岩洞深处的石隙中流出，伏流至洞口前石砌长方池中，而后又被引入村内的上、中、下三池，为居民饮用及农田灌溉水源。泉水清澈甘洌，终年不竭，水盛时泉水在村中纵横流淌；冬季，泉流处雾气蒸腾。

　　泉东侧为三教堂，整组建筑保存尚好，由前后两进院组成。院中三教堂主殿和观音堂相对，两殿全由青石垒砌，平顶出檐，券门方窗，十分厚实，极富地方特色。主殿的西侧有石钟亭一座，四角方柱，青石榫卯，云纹古拙，亭间题额有"天启四年（1624）三月十二吉立"纪年。三教堂周围岩崖峭立，松柏森郁，翠鸟啾鸣，景致清幽。黄立泉西北曾建有鹂泉书院，今只剩残址，有清光绪二十三年（1897）所立方碑一块，碑阳刻有《重修鹂泉书院碑记》，记录了黄立泉村孙氏集十几代之功创建、扩建书院的艰辛过程。碑阴为《创修孙氏谱碑记》。鹂泉书院后来成为村小学，今学校迁走，遂荒废。

黄立泉

黄立泉　左庆摄

上水泉·下水泉

上水泉位于长清区双泉镇大张庄东，九顶莲柱山西麓上水庵东15米。泉水出露形态为渗流，长年不竭，积水成池，水浅而清。离上水泉不远的崖下，还有一处下水泉。下水泉也是由岩石缝隙渗出，汇集成池，人们将泉池盖上石板，凿出两个取水口。池东石壁上有一方石碑，字迹已无法辨认。

上水庵规制完整，规模较大，有五进院落，南北长约100米，东西宽约20米，总占地3亩有余。最南边为关公殿，平顶出厦，前厦建造精美，全为青石精造，殿内残存有壁画。过关公殿的后门，为上水庵正门，山门为全石券门脊顶，门额上题有篆体"上水庵"三字。山门正对的大殿为三开间平顶出厦，全石结构，建筑稳重牢固。除此之外还有碧霞元君殿等建筑。当地人讲，上水庵建造于北宋，现存碑刻可追溯到明成化十四年（1478），现存建筑大多完成于清康熙二十四年（1685）。

上水泉・下水泉

上水泉　曹建民摄

张家井泉

张家井泉位于长清区双泉镇大张村，九顶莲柱山西麓。泉水出露形态为渗流，长年不竭。泉池为石砌长方形，井口长 0.83 米、宽 0.61 米，水质甘洌，旧时曾为村民的主要饮用水源。泉旁石堰中，嵌有石碑一方，因风化严重，字迹已无法识读。

大张村西有马陵道，为双泉通往孝里的便道，传说是战国时期"马陵之战"的发生地。马陵道东西长约 6 里，两山夹列，路通一线。最高处为马陵口，有古柏一株，传说庞涓即在此树下被孙膑乱箭射死。古树上方路旁有古碑一通，立于明万历年间，碑额篆书有《创修马陵川石盘路记》，碑文有"……因询其马陵之名，道人称为孙庞故地……当年二人行事，其心之险戏，不啻如此山也！涓之强而愚，膑之弱而智……"等字样。

张家井泉　左庆摄

马嘴泉

马嘴泉位于长清区双泉镇马山西南麓山谷中，与马眼泉相隔不远。因该泉位于马山"头"部的"马嘴"位置，故名。马嘴泉从一处倾斜的巨石下流出，长年不竭，旱季出流平缓，雨季出流较为旺盛。泉眼外凿石为池，大致呈三角形，边长约1米。依据一般年份的泉水出流量，当地老百姓有"马嘴不如马眼，马眼不如马尾，马尾不如马尿"的说法。

马嘴泉　左庆摄

王庄泉

王庄泉位于长清区双泉镇王家庄村南，九顶莲柱山北麓，又名"神泉"。泉水自山石岩缝渗流而出，汇入长 5.44 米、宽 3.3 米的泉池。泉水长年不竭，水质甘美，旧时为村民主要饮用水源。传说，从前这一带闹瘟疫，一天来了一位白须老者，手拿拂尘往此处扫了一下，便有一清泉涌出。泉水味道甘美，有病的村民喝了泉水后很快就痊愈了，于是敬称此泉为"神泉"。后来得知那白须老者是太白金星下凡，人们为感恩，在泉水上方建金星老爷庙以示纪念。

金星庙分东、西两个院落。西院为主殿，平顶前接有垂檐的抱厦，这种建筑样式在长清多见，而在其他地方却罕有。东院为魁星殿，殿内有"魁星点斗"碑。此碑刻高约 0.55 米，宽约 1.3 米。右为"魁"字象形图案；左为题记，文曰："貌则古，文则经，使尔执笔上乘乎列星。天道耶？人事耶？会（荟）萃乎笔墨之灵。时在壬申孟秋之月，仿青莲学士望后生求学之意，涂于松云轩下。因工程告竣，录乐捐善士于两壁，以志永远，后世纪念云。"

王庄泉

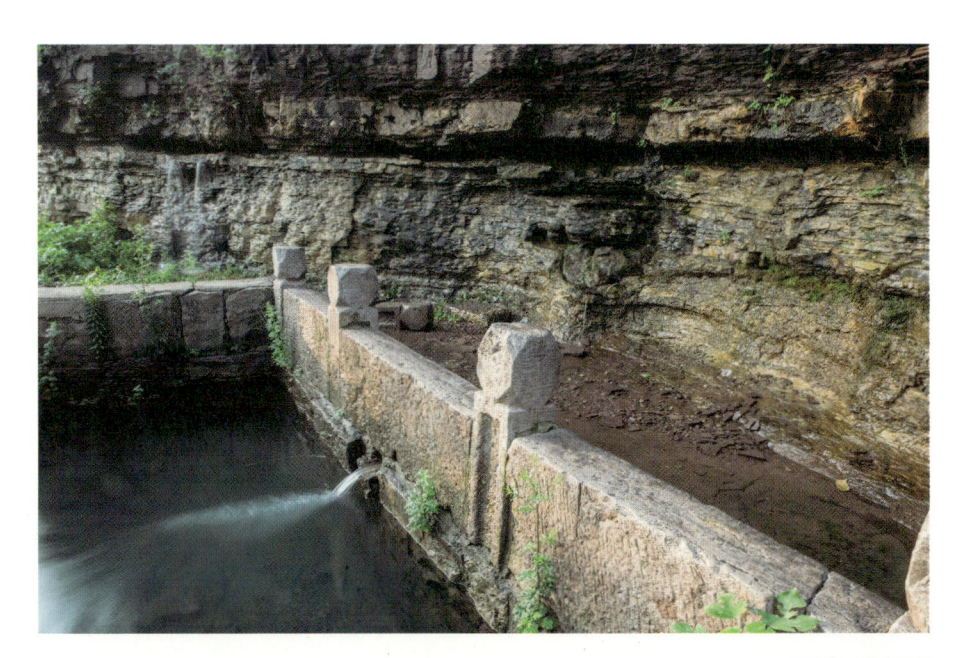

王庄泉　曹建民摄

王庄泉飞瀑　曹建民摄

五眼井

　　五眼井位于长清区双泉镇五眼井村东南侧石台上,九顶莲柱山西麓。泉为渗流,泉池石砌,长4.5米、宽1.1米、深约2米,上用青石板棚盖,并留有5个0.5米见方的井口,故名"五眼井"。泉水长年不竭,供村民饮用。泉东北约百米处是一断崖,盛水时,泉水汇流成溪,流下断崖,形成飞瀑,声如狮吼虎啸,蔚为壮观。井旁立有清嘉庆二十四年(1819)《合庄重修官井建立碑记》石碑,载该村原名"魏家庄",后因泉改称"五眼井村"。

　　近年,对五眼井进行了保护和景观提升,修复泉水井台和挡墙,新建木质敞亭和泉水历史碑刻,并请著名书法家张志民题写了"五眼井"泉名匾额。村里对周边道路也进行了硬化。

　　五眼井正北隔河而望是天齐庙,庙门西向,中间为大殿,东西为醮房,后为佛堂。天齐庙奉祀天齐大帝,即泰山主神东岳大帝,百姓习惯称之为"天齐老爷"。天齐庙阔三间、深两间,为硬山顶,绿琉璃瓦,主脊上有精美砖雕。庙内正中奉天齐大帝,上悬"天齐显灵"牌匾,东侧奉"玄天大帝",两边山墙悬修庙众施主的功德簿。天齐庙东侧为观音庙,规制较小,窗为金钱形石雕窗。

五眼井

五眼井木制大敞亭　左庆摄

敞亭内的五眼井　左庆摄

满井泉

满井泉位于长清区双泉镇满井峪村西南，黄草山西麓，因泉水常溢出井口，故名。村民认为此泉通东海，故又名"海眼"。泉水出露形态为涌流，池系天然石井，井口长 1.17 米、宽 0.78 米。

近年，对满井泉进行保护和景观提升，在井口加装了石栏杆，整修了泉渠，修建了村民休闲场地，保护了井边历代碑刻。雨季泉水自井口喷出，形成水桶般粗的水柱，高可 2 尺，激湍如奔，堪比趵突泉，有一泉成河之势，形成浩荡山溪，曲折东奔 5 里汇入宾谷河。泉旁有石碑两方，记载了该泉分别于 1907 年、1933 年、1940 年、1954 年、1961 年和 1977 年六次被重修的经过，年代较近的一方石碑上还有"清泉水长流，幸福万代传""利群水池"的字样。

满井峪原名"黄草湾"，后改称"蔓菁峪"。因北面是郭家庄，犯了"蔓菁进了锅"的地名讳，经两边村老协调，郭家庄改称"陈沟湾"，蔓菁峪因村东有满井改称"满井峪"。

满井泉

满井泉喷涌盛况　曹建民摄

旱季满井泉　左庆摄

袈裟泉泉群、洪范池泉群

饮马泉

　　饮马泉位于长清区双泉镇马山西麓马湾峪中马湾庙旁的山坡上，传说是马山奶奶饮马之处，故名。该泉出露形态为渗流，在马山诸泉中水量最为丰沛，旧时为村民饮用水源。为方便饮用，人们用管道将水引到马湾庙旁的泉池中，并将泉眼遮蔽起来，以保持水源的洁净。

　　马湾峪是马山西麓的深山巨谷，东、北、南三面环山，山势嵯峨如堵，岩崖错落峥嵘，林茂草丰，泉水遍涌。因饮马泉出水量大，古人依泉而建寺，名"马泉院"，又名"马湾庙"，当地人称"马山庙"。古时马山庙香火旺盛，辐射百余里，逢三月三马山庙会，百姓扶老携幼纷纷前来进香。因马湾庙偏僻隐蔽，水源丰沛，1938年2月，长清县爱国志士在中国共产党的领导下，在此举行了有名的"马湾起义"，举起了抗日救国的大旗。

饮马泉泉口　曹建民摄　　　　　　马湾庙旁的泉池　曹建民摄

丰施泉

丰施泉位于长清区双泉镇马山西麓马湾峪中、募粮台下，古称"圣惠泉"。因从马山西侧望去，此泉位于山腰断崖下，正好在马山"腰"下处，所以老百姓俗称它为"马尿泉"。后文人雅士觉此称不雅，因泉近山顶丰施侯庙，遂改称"丰施泉"。该泉泉池为石砌圆井形，井口直径 1.1 米。泉水长年不竭，水质甘美。

民国《长清县志》"山川"载："圣惠泉，在马山募粮台下。"又载："……马湾庙之北有大石佝偻如僧之负箱者然，因名此处曰'募粮台'，台下有泉曰'圣惠泉'……"其"古迹"又载："圣水（惠）泉，马山寺西山门下丛石中有清泉一，水浅仅供数口之用。咸同年间，发匪过境，山上避乱人民数万。泉水暴涨，池蓄之。用之不竭，故名圣水泉。"如今盘山公路自双泉向陈沟村蜿蜒而来，盘旋直到马湾庙之上。乘车至此，再沿石梯攀爬，到一块大石旁，再向南数步即可到达丰施泉。炎炎夏季，登山至此，临泉掬饮，顿觉神清气爽，感此泉有惠施游人之泽。

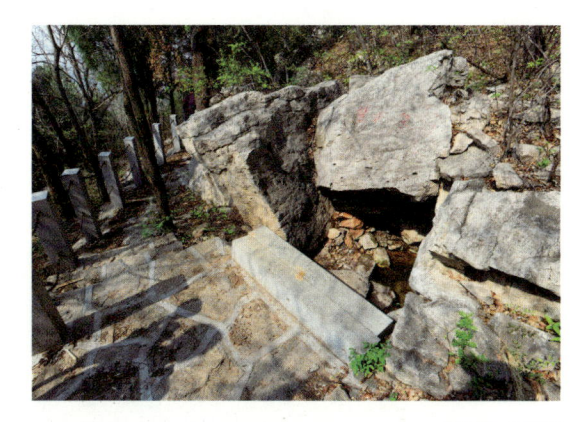

丰施泉　左庆摄

袈裟泉泉群、洪范池泉群

马山泉

　　马山泉位于长清区双泉镇马山西麓马湾峪中,马湾庙正殿遗址南侧,由两个相距不远的季节性泉组成。泉池不规则,石砌,泉水出露形态均为渗流,旧时曾为马湾庙僧人及附近村民饮用水源。

　　马湾庙是从西麓登马山的必经之地。现在马湾庙只剩遗址,留有山门一座,石砌券门,毛石干垒而成,推测是当时登山的一天门,与马山顶的中天门和南天门相呼应。院落房基上还砌有不少老建筑构件,尚有明万历三十一年(1603)《马泉院重修正殿记》石碑一方,记载了当时首事和僧人重修马泉院的经过。由此可知,当时此处佛教兴盛,和马山顶的道教信仰形成上下呼应的格局。

马山泉　曹建民摄

鬼谷泉

鬼谷泉位于长清区双泉镇马山西南麓的山谷中,因泉眼出露于马山"头"的位置,故又俗称"马眼泉"。泉口处凿石下挖,再加自然石围挡,大致形成长 0.9 米、宽 0.4 米的长方池。泉水出露形态为渗流,流量不大但不竭。夏季雨后,泉水漫流于山谷。

该泉靠近穿心洞,传说战国传奇人物、纵横家创始人鬼谷子曾隐居于此洞,所以穿心洞又称"鬼谷洞",该泉也因此被称为"鬼谷泉"。马山附近鬼谷文化遗存比较丰富,除碑刻、遗迹外,还有大量与鬼谷子相关的民间传说。如清康熙《长清县志》载:"马西学城,在县治西南三十里,隔马峰之林麓,地名为马西,上有空石城在焉,世传为孙膑、庞涓肄业之所,故俗名其地为学城云。"

鬼谷泉　曹建民摄

宾谷泉

宾谷泉位于长清区双泉镇马山西南麓的山谷中，鬼谷泉南约 200 米处，因邻近宾谷河上源而得名。现存泉池为石砌长方形，长 0.7 米、宽 0.4 米、深 0.5 米。泉水出露形态为渗流，长年不竭。雨季水盛时，泉水溢出泉池，漫流山谷。2021 年 4 月济南泉水普查时发现，池内泉水充盈，清澈见底。

长清区南大沙河古称"宾谷河"，距学城村不远，马山附近为其上源，绕马山又分为东、西两支，东支称"马山河"，西支称"宾谷河"。宾谷河名称来源有二，一说因孙膑在河畔拜鬼谷子为师求学而得名，一说因齐国上卿宾须无驻军于此而得名。

宾谷泉　左庆摄

马尾泉

马尾泉位于长清区双泉镇马山北侧马尾洞外，故名。泉水由石堰下流出，就近形成一个不规则天然泉池，为土石交驳的自然状态。泉水出露形态为渗流，出流量不大，属季节性泉。冬春季节，泉流舒缓，甚至断流；夏秋季节，泉水旺盛，大雨之后能漫流于山坡。受泉水滋润，周边草木葱郁。2021年4月济南泉水普查时，马尾泉泉口无水。马尾泉旁边的马尾洞并不大，据说古人避难时常居住于此，现已坍塌。旧时，马山诸泉多被老百姓冠以"马"字打头的名称。

马尾泉　曹建民摄

神秀泉

神秀泉位于长清区双泉镇马山北麓西侧的神秀谷内,为 2021 年 3 月济南泉水普查时新发现之泉。泉池位于不规则自然石堆砌成的景观墙内,直径约 1.5 米,水自山脚下石隙中涌出,汇入池内。池水清澈,底部鹅卵石晶莹剔透。

据当地人介绍,神秀泉是一口有着千百年使用历史的老泉,从未干涸,雨季水量尤大,可顺峪沟漫流。旧时附近的老百姓每逢农历三月三上马山祈福,就在此泉取水喝。周边百姓称此泉为"上池",据传名医扁鹊在此地治病救人时,常选此泉之水熬药,可助发挥最佳药效,故称其为"上池之水"。

神秀泉　左庆摄

米汁泉

米汁泉位于长清区马山镇马山东北坡沟谷处,又名"饭汤泉"。现存泉池为石砌,呈不规则形状,直径约0.8米。泉水以井泉形式出现,旱时为井,涝时成泉,长年不竭,旧时为村民饮用水源之一。民国《长清县志》"山川"载:"米汁泉,在马山北。"其"杂事志"又载:"水(米)汁泉,在马山之北,相传唐时东征兵行于兹,渴甚。乱石中忽涌一泉,其味甘。一军饮之渴解,故名。"

米汁泉　左庆摄

米沿泉是马山第一名泉,说其有名,并不是因其涌量最大,而是因其承载了马山一个很有名的古老传说,即"马山圣母救唐军"的故事。相传唐朝大将薛仁贵东征时,大队人马被敌军围困于马山之上,人困马乏,缺吃少喝,眼看就要全军覆没。这时一位老太太挎着竹篮、提着瓦罐出现了,说是来为大军送吃喝。大家不信,小小的一竹篮干粮、一瓦罐米汤怎够千军万马吃喝呢?可是老太太从竹篮里往外拿烧饼,总也拿不完;从瓦罐里往外倒米汤,总也倒不干。当大队人马吃饱喝足时,老太太忽然消失不见了,没吃完的烧饼都变成了扁石头,放瓦罐的地方冒出一股泉水,一尝,和刚才喝的饭汤一个味道。大家这才恍然大悟,原来刚才的老太太是马山圣母的化身。因这个传说,此泉被称为"米沿泉",俗称"饭汤泉"。

下泉·上泉

　　下泉位于长清区马山镇双泉庄村西北滚球山南沟谷中,因在双泉庄上泉下方,故名。下泉为断崖渗出泉,泉眼在五色巨岩之下。上为登山道路,下连小溪。此泉长年不竭,积水成湾,能为大面积农田提供灌溉水源。每逢雨季,山泉迸发,水流湍急,一泉成河,甚是壮观。

　　上泉位于长清区马山镇双泉庄村东北滚球山南坡,因在双泉庄下泉上方,故名。上泉亦为断崖渗出泉,流量中等,长年不竭。现有泉池为

下泉　曹建民摄

上泉　左庆摄

石砌长方形，长13米、宽6米。泉旁建有一座凉亭，泉水从三个龙头中流出，经凉亭跌入一连环泉池中。驻足泉畔，山色泉声，远村近树，趣味良多。

上泉和下泉所在的双泉庄村因村东北有上泉、村西北有下泉而得名。1996年版《山东省长清县地名志》载："据传，明洪武年间建村，以村东、西各有一山泉，命名双泉庄。"

月牙泉

月牙泉位于长清区马山镇双泉庄村村东滚球山支脉断崖下。泉水从石缝中自然溢出，汇入泉池，因泉池为月牙形，故名。此泉原为一自然流淌的荒泉，出水丰沛，一泉成溪。

近年，人们砌石为池，积水灌溉，并于石上刻"月牙泉"三个字立于泉旁，让荒泉得以新生。（注：此泉未列入济南市名泉名录）

月牙泉　曹建民摄

袈裟泉泉群、洪范池泉群

天泉·地泉·日泉·月泉

长清区马山镇王家岭村西的山坡上,有一个由四个泉眼组成的泉群。泉群背依层峦叠嶂的连环山,出水量虽不大,但长年不竭。根据泉水形貌,人们分别将之命名为:天泉、地泉、日泉、月泉。

天泉位于一块花岗岩巨石下。巨石顶部浑圆,长约15米、宽约10米。泉水自岩石下渗流而出,形成天然小池,石与泉相偎依,浑然天成,相映成趣,池四周芦苇遍布,绿植葱茏,宛若巨型盆玩,煞是可爱。一到夏季,常有游人到此休闲纳凉。此泉长年积水,经年不涸,附近农田多得其灌溉之利。

地泉出露于一泥质松软的土堰下,泉水自泥土中自然溢出,故名"地泉"。村民挖沟埋管道将泉水引入水池中,泉池直径约4米,泉水为日常饮用和灌溉农田之用。

日泉,从地面上看不到泉眼,只有蹲身扒开乱草仔细查找才能发现泉池的缝隙。此泉深埋地下,深不可测,将石块从缝隙中投入,几秒钟后才能听到水声。相传,当年闯王李自成兵败到此,人困马乏,饥渴难耐,随时都有全军覆灭的危险。李自成心灰意冷,就倒在一块天然石板上昏昏睡去。蒙眬中,他看到眼前有一眼山泉,泉水汩汩溢出,一直流到脚下。他双手捧起喝了一口,甘甜清爽,疲惫全无,就又咕咚咕咚喝了几口,可就是不解渴,只有白花花的泉水一个劲地流。他徐徐睁开双眼,一缕刺眼的阳光照在脸上,原来是做了一个梦。他起身长叹一声:"难道上苍真要让我葬身于此吗？"他边叹，边用脚跺地。下面传来"咚咚"之声，脚下分明是空的。他命令士兵赶紧挖，只挖了几下，一股清泉便涌了出来。人马饮了个痛快，解决了大问题。闯王一高兴，就用树枝蘸水在岩石上写了一个"日"字，意思是日光入梦而得泉。因有此传说，此泉便被称为"日泉"。闯王写完字扔下的树枝将泉眼覆盖住，年深日久，泉水又隐于地下。现在你用脚跺上去，还会发出"咚咚"的声音。

月泉在一处山崖下，泉池用砖石砌成，长约5米、宽约2米。周围巨石遍布，只有雨季来临，月泉才涌出，属季节性泉。此泉喷涌因像月亮一样有盈有亏，所以得名"月泉"。（注：此四泉未列入济南市名泉名录）

天泉　曹建民摄

地泉　曹建民摄

日泉　曹建民摄

月泉　曹建民摄

袈裟泉泉群、洪范池泉群

石牛瓮泉

　　石牛瓮泉位于长清区五峰山街道宋村村北卧牛寨山山腰处。泉为渗流，水池为一自然石窍，上窄下阔，状如石瓮，瓮中有一牛头状天然岩石，故名"石牛瓮泉"。此泉长年有水，水盛时"牛头"会被淹没。（注：此泉未列入济南市名泉名录）

石牛瓮泉　曹建民摄

庄南山泉

庄南山泉位于长清区五峰山街道庄南山村老村南滚球山山腰处。水自石缝中流出，汇积于长4米、宽3.5米、深2.3米的石砌水池中，清澈甘美，长年不涸。村民铺设水管，引水入村饮用。距泉东、西500余米远处还各有一泉，均未砌垒泉池，分别被村民称为"东大泉""西大泉"，曾为村民饮用水源。（注：此泉未列入济南市名泉名录）

庄南山泉　曹建民摄

袈裟泉泉群、洪范池泉群

韩家峪泉

　　韩家峪泉位于长清区五峰山街道柳杭村东南韩家峪黑岔沟内。水从沟底涌出，长年不断。村民在泉口处用砖砌垒直径 1.3 米的圆形井池，并铺设水管，将水引至池西 200 余米处，供村民饮用。水盛时，泉水从井壁出水口溢出，沿黑岔沟西流。（注：此泉未列入济南市名泉名录）

韩家峪泉　曹建民摄

水泉

水泉位于长清区文昌街道水泉峪村村东,当地称为"东井",为一古老井泉。井口方形,井壁石圆形。井南立古碑一通,字迹漫漶,有"康熙五十七年""加深三尺,用钱三十二千,石匠郝成宗、黄玉"字样。不远处有一石砌塘湾,湾旁有1963年水泉峪大队修建幸福水库竣工纪念碑记。(注:此泉未列入济南市名泉名录)

水泉　李现新摄

夜猫泉·神峪泉

夜猫泉位于长清区双泉镇书堂峪村村西夜猫子沟内。泉分大小两处，分别名为"大夜猫泉""小夜猫泉"。此处多有猫头鹰出没，故名"夜猫子沟"，泉以沟名。泉为渗流，其中大夜猫泉位于山沟里的樱桃园内，泉池约有5米长，2米宽，1.5米深。泉池泉旁有三棵百年樱桃树。小夜猫泉距大夜猫泉30多米，泉池有10多平方米。（注：此泉未列入济南市名泉名录）

神峪泉位于长清区双泉镇书堂峪村村西神峪内。泉为渗流，有大小两处，较大的一处在红色的大石壁下，泉池约2米长、1米宽，用石头堆砌而成。较小的一处呈三角形，边长约1米，泉眼前方建有蓄水池，为村民饮用及灌溉水源。（注：此泉未列入济南市名泉名录）

前峪泉·安子泉

　　前峪泉位于长清区双泉镇书堂峪村前峪，为泉群式梯次分布，泉水由石缝中渗出，水质甘洌。为取水方便，村民用水泥和石块对泉池进行了修葺。约70米远处有一不规则泉池，自然形成，面积约有10平方米，泉池上方盖有一块巨石。相距不远还有两处泉池，皆方形，由村民自行修葺而成。（注：此泉未列入济南市名泉名录）

　　安子泉位于长清区双泉镇书堂峪村村西环山路旁，为泉群式分布。主泉泉池呈圆形，面积约25平方米，深约半米。雨季时泉水旺盛，流到樱桃园下泻。（注：此泉未列入济南市名泉名录）相距不远还有两处泉眼，一处位于樱桃园里，泉池井形，水深约有1.5米，泉水清澈见底；另一处泉池呈圆形，面积有20多平方米，水深约1米。

安子泉　熊桂霞摄

南行子泉

　　南行子泉位于长清区双泉镇书堂峪村南行子。泉为渗流,泉池为圆形,直径约 2 米,用石块堆砌而成。泉水长年不竭,用作灌溉水源。(注:此泉未列入济南市名泉名录)

南行子泉　熊桂霞摄

一口干泉

一口干泉位于长清区双泉镇书堂峪村村西,为泉群式分布。有四处泉水上下相邻,较大的一处泉池呈圆形,面积约 15 平方米,由石块堆砌而成。紧邻的是一处不规则泉池,约有 10 平方米。

另外两处泉水位于缓坡上:一处位于红色的大石壁之下,水不断从岩缝中渗出,水量充沛,泉池约 1 米见方。因泉池较小,能一口喝干,因此得名"一口干泉"。一口干小泉群以此泉得名。另外一处与其相距 20 米左右,在巨大石壁下,水量充沛,用石块遮挡。(注:此泉未列入济南市名泉名录)

一口干泉　熊桂霞摄

袈裟泉泉群、洪范池泉群

辘轳泉

辘轳泉位于长清区双泉镇书堂峪村村南人头山下的樱桃园里。有三处泉水，为泉群式分布，因村民经常在此用辘轳提水，故名。第一处泉池约15平方米，水质清澈。第二处泉池由天然石块修葺成井形，直径4米，深约7米，水量充沛。第三处泉池约15平方米，水深1.5米左右，旁边种有多株百年柿子树。（注：此泉未列入济南市名泉名录）

辘轳泉　熊桂霞摄

梦龙泉

梦龙泉位于长清区双泉镇大张村村东,九顶莲柱山山崖下。此泉为季节性泉,每逢大雨过后,泉水苏醒,泉眼内先是传出如猛虎吼叫般的声音响彻山涧,紧接着水汽弥漫,就见一股巨流由泉眼突然喷射而出,形成强大的水柱,片刻工夫便在石块间形成数个瀑布,呼啸而下,在山坡上蔓延 1000 多米。因远远望去像一条长龙,故名。(注:此泉未列入济南市名泉名录)

梦龙泉　曹建民摄

七星泉

　　七星泉位于长清区五峰山街道五峰山景区内，历史记载不一，泉址失迷，一说在五峰阁东五六十米处，一说在洞真观龙王殿东侧。该泉为五峰山内八泉之一，也是五峰山七名泉之一，清道光《长清县志》和《济南府志》有载。平时细流如丝，雨季行泉，阳光穿林透叶洒在泉池上，如七星汇聚，故名。（注：此泉未列入济南市名泉名录）

清龙泉

　　清龙泉位于长清区五峰山街道杨家峪村村东骆驼咀山东脚下。泉为渗流,季节性较强,泉池为井形,被棚盖。盛水期,水溢出后沿泉池下的水沟流出村外。泉池东壁上嵌有清光绪年间所刻"清龙泉"三字,并有"望仙峰、望仙桥、清龙泉"等字样。

　　清龙泉东北不远处建有团圆宫,规模可观,传说是为纪念唐玄奘母子团圆而建。原有建筑大部分坍塌,今建筑为近年重建。遗址尚存清代碑刻四方。(注:此泉未列入济南市名泉名录)

清龙泉泉碑　李现新摄

袈裟泉泉群、洪范池泉群

李密泉

　　李密泉位于长清区张夏街道小寺村村东公子顶山半腰处。民国《长清县志》记载："李密泉，在黄山顶西石崖中。相传李密战败于此，渴甚，以戟刺崖，泉水流出，故名。此说荒诞，疑是醴密（蜜）之误。"值得一提的是，今小寺村东北方的玉皇庙（属诗庄村）中所存明嘉靖十三年（1534）《重修西佛洞记》碑中，已记有"李密泉"，说明此泉名由来已久。泉水为渗流，自崖壁石缝中流出，不紧不慢，四季长流，虽旱涝而不增不减。泉水正处于半壁间小路上，为来往行人提供了便利。

李密泉　李现新摄

　　泉水四周树木森茂，夏日林中不时传来"没有马""没有马"的叫声，"没有马"是张夏附近一种特有的知了品种。传说李密战败至此，命其马童牵其战马去泉边饮水，马童贪恋山中美景，只顾玩耍将战马丢了。马童又害怕又内疚，满山遍野地找战马。找来找去也没有找到，马童一着急就变成了一只小知了，嘴里不停地喊着"没有马，没有马"。

晓景泉

晓景泉位于长清区张夏街道周家庵村村东玉皇顶下的泉子峪中。泉水为渗流,季节性很强,雨季出涌旺盛。泉眼在一泉洞中,泉洞为一天然石隙,高2米,呈不规则三角形。泉洞石壁为当地特有的紫红色木鱼石岩层构成,层层叠叠,极富层理性。泉洞中有石砌泉池,半米见方,深约半米,内置取水的小型水泵。泉洞内绿苔青翠,裂隙中有水渗出。泉洞外绿树苍茂,有粗大的丁香、黄栌、黑檀等特色树种。

该泉当地百姓称"小井泉",因与南边仅有一山之隔的济南新七十二名泉之晓露泉样式、成因差不多,村中在重新规划整理旅游项目时将之定名为"晓景泉",形成"南有晓露泉,北有晓景泉"的景致。(注:此泉未列入济南市名泉名录)

晓景泉　李现新摄

皇路泉

皇路泉位于长清区张夏街道焦台村村北2公里处、杨家寨山平台下。泉为渗流,四季不断,水质优良。据传,当年乾隆皇帝微服私访时,前往灵岩途经此地,一路劳累口渴,见此泉清澈,即饮用此泉水,感觉甘甜清凉,困意顿消,龙颜大悦,为其赐名"皇路泉"。

佛公井

　　佛公井位于长清区崮云湖街道炒米店村村南,京沪铁路复线东侧。清道光《长清县志》《济南府志》有收录。清道光《济南金石志》"卷四·长清石"记载:"康熙三十三年佛公井记碑……邑人夏文选等公立。"井在井屋之内,水深10余米,水势稳定,为村民生活用水。

　　炒米店村自古缺水,因百姓炒米为食,故名。清康熙年间,山东巡抚佛伦路经此地时,问及当地疾苦,灵岩寺下院僧人永泰即以无水告之。佛伦遂命长清知县巴柱朝负责凿井,济南府同知戴圣聪精于堪舆之学,

佛公井井屋　李现新摄

选点定位。兴工不久，佛伦升任川陕总督，继任山东巡抚桑格继续过问凿井之事。井凿至十二丈深时，仍不见泉水，戴圣聪缒绳下井探视。下到一半深时，听见石内有水声，便用笔做出标记，命工匠旁凿一孔。随之，一股清泉汩汩涌出，在井内蓄积深达五六丈，旱涝不变。为感念佛伦爱民之志，遂将此井命名为"佛公井"，将"炒米店"改称"佛公店"，当地百姓又俗称此井泉为"仙井"。

佛公井仙井碑　李现新摄

仙井碑今仆卧于炒米店村村南泰山行宫院内，碑面为大字正书"仙井"二字，旁边竖镌"佛大老爷创始，桑大老爷告成"。据了解，仙井碑碑阴即清康熙三十三年（1694）所刻的《佛公井碑记》。碑文有"井深十六丈六尺，距水面十二丈"之记载。（注：此泉未列入济南市名泉名录）

鸭子泉

鸭子泉位于长清区归德街道土屋村村南,在山谷中的崖壁下。泉为渗流,从不规则岩洞中流出,冬夏不涸,雨季水势变大。因泉洞和崖壁上的图案构成鸭子的形状,所以称为"鸭子泉"。泉旁又有一小泉,人们称大泉为"金鸭子泉",小泉为"银鸭子泉"。

当地传说,南山上有两只鸭子,一只金鸭子,一只银鸭子,一到半夜就下到谷中饮水嬉戏。一个南方人路过此地,发现了这一秘密,起了歹意,想捉走它们。于是设下机关,谁知在即将得手时,两只鸭子被惊飞,双双撞到崖壁上,化为两泉。(注:此泉未列入济南市名泉名录)

鸭子泉 赵福平摄

袈裟泉泉群、洪范池泉群

米井泉

　　米井泉位于长清区归德街道土屋村村中，为一井泉，井台5米见方，高出地面80多厘米。井口圆形，直径60多厘米，为一块石板凿成，周遭布满井绳的勒痕。井深10余米，盛水时节，泉水溢出井口，从平台东侧三个水溜子中流出，形成小瀑布景观。

　　据说打此井时，打出水后大家想收工，但是村中长者坚持凿岩再往下打十尺。凡下去打井的，凿一筐石渣奖一斗小米。井成以后水势大增，因是用小米换石渣，人们遂称此井为"米井泉"。1943年天下大旱，此井亦出水可观，四周10余个村子都来此取水。（注：此泉未列入济南市名泉名录）

米井泉　赵福平摄

冽泉井

冽泉井位于长清区归德街道李庄村村东沟谷中的空地上，有石砌井台和矮墙。井口圆形，为四块弧形石板围合而成，石砌井壁，井深10余米。井台东南角有巨柳一株，树下有《李家庄创修冽泉井碑记》石碑一方，立于清光绪三十一年（1905），记载了修建此泉井的始末。碑文载，李家庄地势高亢，古来缺水。光绪二十八年（1902）春夏之间天降甘霖，村东沟崖壁冒出很多清泉，水质甘美。村民本来想择地打井，见天赐清泉，便公议集资修建了水池，后又砌池成井，并命名为"冽泉井"。（注：此泉未列入济南市名泉名录）

冽泉井　赵福平摄

洪范池泉群

洪范池泉群概述

1978—1985年，章丘、长清、平阴三县相继划入济南市。20世纪80年代中期以后，省市有关部门及高校有关科研人员和学者，对济南辖区内的泉群及其泉域划分形成了各种不同的看法，但济南辖区内有3个泉水集中出露区和7个泉群的看法，为大多数人所认同。3个集中出露区即济南市区（包括东郊、西郊）、章丘市明水、平阴县洪范池一带，7个泉群分别是趵突泉泉群、黑虎泉泉群、五龙潭泉群、珍珠泉泉群、白泉泉群、明水泉群、平阴泉群。

因为平阴泉群的代表性泉水多位于平阴县洪范池镇境内，20世纪90年代，此泉群又被称为"洪范池泉群"或"洪范泉群"。如1994年济南市水利志编纂委员会所编《济南市水利志》一书中，将济南境内泉水区分为城区泉群和三区县泉群，三区县泉群指历城白泉泉群、百脉泉群和洪范池泉群。该书对洪范池泉群的记述为："位于平阴县洪范乡，浪溪河右侧，分布面积9平方公里，主要由洪范、书院、白雁等10处名泉组成。年涌量约在400万立方米。"

2004年4月2日，由济南名泉研究会、济南市名泉保护管理办公室组织进行的历时五年的济南新七十二名泉评审结果揭晓，同时还公布了新划出的郊区六大泉群，这样加上市区原有的四大泉群，就有了济南十大泉群的新划分。此次公布的"郊区六大泉群"中便有洪范池泉群，位于该泉群的洪范池、书院泉、扈泉和日月泉同时入选济南新七十二名泉。

2005年9月29日《济南市名泉保护条例》颁布实施,该条例附件—《济南市名泉名录》共收录济南范围内645泉。平阴境内有36泉被收录,其中,洪范池、书院泉、扈泉、日月泉、姜女池、天池泉、墨池泉、天乳泉、白雁泉、拔箭泉、莲花池、丁兰泉、狼泉、长沟泉、白沙泉等15泉属洪范池泉群。2013年出版的《济南泉水志》记载:"洪范池泉群是济南西部最著名的泉群,处于平阴县浪溪河中上游河谷右侧,属洪范池镇,分布面积约9平方公里。有名泉22处。"2021年9月,《济南市新增305处名泉名录》对社会公布,平阴境内又有11泉被收录,其中,念泉、淙泉、北泉、白涯泉、道塘泉等5泉位于平阴县洪范池镇。

洪范池泉群的最初组合名称为"洪范九泉",在历史上久负盛名,九泉即龙泉(洪范池)、书院泉、丁兰泉、白雁泉、拔箭泉、狼泉、扈泉、玉女泉和日月泉。明代初年,伴随着东阿县城迁址谷城(今平阴县东阿镇),圣药阿胶的制作中心亦转移至此,并改用狼溪河(浪溪河旧称)熬胶,而狼溪河水即源自当时东阿县境内的洪范九泉。此水水质极佳,含锶、锂、锗、硒、偏硅酸等多种人体必需的微量元素,为得天独厚的阿胶生产水源。1948年调整区域划分,东阿县城北迁铜城镇,原属东阿县的洪范、东阿两乡镇划归平阴县,两县此后以黄河为界,河南为平阴,河北为东阿。

因东阿、平阴两县历史上先后属东平府、兖州府和泰安府,不在济南府境内,故金、明、清三代济南七十二泉版本中,两县内名泉均无缘入列。由明清方志记载可知,平阴境内旧时曾有的桥口泉(乔口泉)、天井泉、柳沟泉、太液泉等亦赫赫有名。明万历《兖州府志》"卷十五·户役志"记载,柳沟泉原配有专门维护泉源的泉夫(又称"银差")四名,后改为泉夫(又称"力差")六名,待遇为每名"三两,打讨银六两"。

今平阴县地处济南西南部,东望泰山,北临黄河,境内多山,为泰

洪范池泉群概述

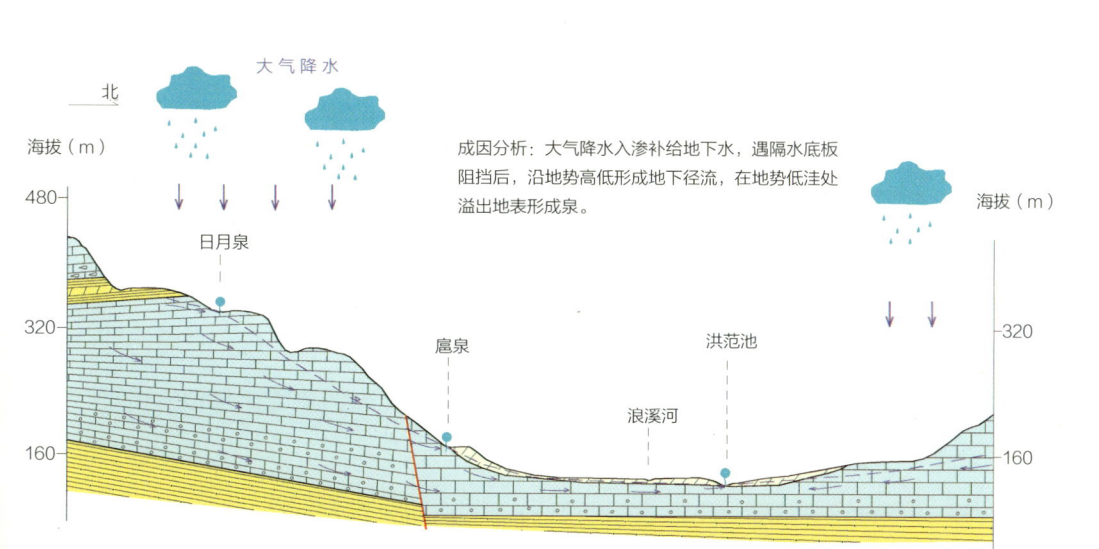

成因分析：大气降水入渗补给地下水，遇隔水底板阻挡后，沿地势高低形成地下径流，在地势低洼处溢出地表形成泉。

洪范池泉群成因剖面示意图

山西延余脉。境内大小山头 800 余个，其中海拔 400 米以上的有 16 个。众多的山体和丰富的植被，孕育了境内丰富的泉源。除洪范池镇外，境内其他名泉分布于翠屏山、青龙山、九峪山、天堂山周边。如位于县城西南 12 公里处的翠屏山古称"水山"，有"一条岩缝一处泉"之说，杨枝泉、有本泉、浸润泉、朝阳泉、向阳泉、落阳泉等名泉均出于翠屏山，为玉带河的上游源泉，滋润着沿河而生的平阴玫瑰。在 2004 年版《山东平阴风物志》一书中，此六泉又被称为"翠屏山泉群"。

依据《济南市名泉保护总体规划》，洪范池泉群面积为 61.9 平方公里。据 2021 年济南泉水普查最新统计，洪范池泉群所拥有的名泉多达 28 处。本书以洪范池泉群代指平阴境内诸泉，洪范池镇外的现存平阴县内诸泉，均一一记述。

洪范池

洪范池位于平阴县洪范池镇龙池公园内，位列久负盛名的洪范九泉之首，为济南新七十二名泉之一。

泉池呈正方形，边长7米，水深约6米，四周青石砌壁，水面平明如镜，清澈见底。泉水自池底及四壁青石缝隙缓缓浸溢，日涌量约1000立方米。池沿高出地面1.5米，四周置石栏，围栏外有平台，石栏由栏板和立柱扣结而成。柱头雕有石狮等饰物，栏板雕有云松浮雕，石狮雄雌相间，雄狮右前足踩球，雌狮左前足抱小狮，石狮视线、形态各异。泉水从池南壁的石雕龙头处溢出，注入2米见方的水池中，然后绕大池近一周，通过月河，自公园流出，汇入浪溪河。龙头吐水几近恒量不变，流速平稳，四季不息。龙头上方镌有楷书"龙池"二字，故洪范池又有"龙池"的别名。水底正中北侧安放石雕一尊，名为"镇海石鲨"。洪范池的"镇海石鲨"坐西北向东南，镇压着池中的"海眼"。池两侧立有清康熙十年（1671）杨士元书写的《题洪范池》诗刻碑，道光十八年（1838）于万俊撰文、秦维翰书丹的《重修洪范池碑记》碑和2004年由张业法书写的"洪范池"泉名碑。

此泉水质优良，含有锶、锂、锗、硒、偏硅酸等20多种人体必需的微量元素，是熬制阿胶的上佳水源，详见1938年版《中国医药大辞典》。

池北虹桥卧波，桥北为龙神祠，由金丞相侯挚因居民祷雨辄应创建。祠前桥侧各有古柏一株，东名珍珠翠，西名桧柏。两株古柏虬盘鳞结，

洪范池　邹浩摄

枝叶繁茂。

　　洪范池的名字出自《尚书大传》"禹之治洪水，以陈范池。盖取规模洪大，范水使不滥也"（见《洪范池碑记》）。于慎行诗曰："何处寻灵境，仙泉旧有名。"相传，池名为"祖子"所定，祖子即南北朝时期的祖冲之。北朝至隋唐时期，洪范池东建有名刹崇梵寺。1982年，洪范池南侧出土铭有"大隋皇帝舍利宝塔"的石函，乃隋文帝仁寿年间颁赐舍利的旧物。崇梵寺是依托泉水兴建的寺院，《续高僧传·明驭传》称："寺基带危峰，多饶异树，山泉盘屈，修竹蒙天，实佳地也。"此泉在当时已砌石为池，又被纳入寺中，成为崇梵寺的净池。祖冲之因躲避战乱曾隐居此地，以池水"大而常流"名其为"洪范"。

金时起，洪范池又称"龙池"。清道光十八年（1838）《重修洪范池碑记》载："金完颜时，村人因祷雨辄应，建龙祠于池北，故又号'龙池'。"

"洪范浮金"为旧东阿八景之一。游人掷硬币于池中，上涌的泉水会使硬币飘摇旋转而久久不沉，日照其上，金光闪闪，呈现出浮光跃金之奇观。清道光《东阿县志》卷三载："洪范池，在城东南十五里。群山之中，突起一高阜，周围咸巨壑，泉仰吐其上，甃石为池，方十余丈，

龙口涌泉　李华文摄

洪范池

鸟瞰洪范池　李华文摄

深三仞，澄澈见底。游人掷钱其中，飘飖旋转，不能遽下，盖泉上出之气盛矣。水从龙口喷出，引之绕池，可以流觞。凡祷雨辄应，谓之龙池。金丞相侯公立龙王庙其上。""洪范浮金"出自明嘉靖进士何海晏之口。何海晏曾在四川、河南为官，探亲回家时经常游览洪范池。一次，他想探知池水深浅，遂从囊中取出铜钱掷于水中，铜币飘飘摇摇旋转而下，慢悠悠坠入池底，恰逢朗日中天，铜币在水中反射出金光点点。他触景生情，诗兴大发，吟诗一首："方池十丈水之浔，洪范锡名称到今。戏掷一币清澈底，随波荡漾似浮金。"自此，"洪范浮金"流传开来，2013年被纳入"济南十大泉水景观"。

"不以旱涝而消长，不以冬夏而温凉"是洪范池的显著特点，即水位不受旱涝的影响，流量始终如一；池水冬天热气腾腾，一片雾气，夏天冰凉入肌，清爽宜人。长年17℃的水温，让这里的泉水"冬暖夏凉"。

1957年，洪范池进行了有史以来的第一次大规模清池工程。当时，同时使用了3台12马力的抽水机，工作12小时后，泉面才靠近池底。工人下池清淤，共清理出12布袋铜钱、3口铜锅。清理后才看清了那尊高1.72米的"镇海石鲎"。

因出水旺盛、久负盛名，2004年，洪范池入选济南新七十二名泉。同时公布的济南十大泉群，"洪范池泉群"也位列其中。

姜女池

姜女池历史上曾称"玉女泉""玉女池""藻池",位于平阴县洪范池镇洪范池公园内,洪范池西北 5 米处。明万历《兖州府志》、清康熙《兖州府志》载:"洪范池之旁,有泉丈许,谓之玉女泉。"清康熙《东阿县志》载:"洪范之旁,有泉丈许,谓之玉女池,孟姜之祠在焉。"明正德、崇祯,清乾隆时期均有碑刻记载。

泉池为石砌方池,边长 4 米,周围有石栏。池水有时清澈见底,有时呈墨绿色,常有青苔浮于水面。水温长年保持在 17℃左右,池水含有多种矿物质。

相传,孟姜女的家乡就是洪范池镇。孟姜女常在此泉沐浴,为防止他人偷窥,洗浴时,泉水就自动生色,罩住孟姜女的身体。后来,孟姜女被秦始皇逼迫跳入东海,遗体送回后葬在洪范池北。

明嘉靖年间,村民在龙王庙右侧建起姜女阁。1957 年,洪范池院内成为地方政府办公地点,姜女池被填平。1990 年,镇政府办公地点迁移至洪范池前。1993 年,姜女池被重新挖出,恢复了原貌。2002 年,姜女池修筑了草白玉栏板、望柱,雕以荷莲图案。南北正中栏板上刻有池铭"姜女池"三个大字。2008 年,重修姜女池北面的姜女阁,门楣上悬"姜女阁"木匾,匾后为明崇祯五年(1632)重修石刻。姜女池边西墙上有石碑二通,上有清乾隆二十九年(1764)重修姜女池之记载。

袈裟泉泉群、洪范池泉群

姜女池　邹浩摄

姜女池与姜女阁　邹浩摄

书院泉

　　书院泉位于平阴县洪范池镇东1000米处的书院村内，又名"东流泉"，为济南新七十二名泉之一。

　　泉水从书院村村东天池山脚下的岩石缝隙中流出，汇入边长7.8米、深3米的石砌方池，再经池南壁龙头吐入小池。泉水东、西两分，流入小池外的弧形水池，经弧形水池正南侧出口进入河道，沿小溪盘村绕户，汇入浪溪河。书院泉日涌量达8378立方米，年涌量达300余万立方米，

书院泉　黄鹏摄

书院泉　吕传泉摄

是洪范诸泉中流量最大的一处名泉。

清道光《东阿县志》称此泉即《水经注》所记"西流泉"。《水经注》载："西流泉出城东近山，西北径谷城（今东阿镇驻地）北，西注狼水（今浪溪河），以其流西，故即名焉。"

元代东平路兵马总管、长清人严实倾慕洪范山水，在西流泉旁建别墅、筑花台，并更其名曰"东流泉"。当时此地山泉环抱，小桥流水，清雅幽静，乃避暑佳境。

泉北侧古有崇梵寺，宋末毁；元至元十三年（1276）建洪福寺。天池山腰石壁雕有四尊与人等高的佛像。西石窟雕有"释迦牟尼佛、观世音菩萨、大势至菩萨"，东石窟雕有"观世音菩萨一躯"。明嘉靖元年（1522），都察院右副都御史刘隅告老返乡，将洪福寺改建为东流书院，并主持东流书院，因此，东流泉又称"书院泉"。

清道光《东阿县志》载，"东流泉在天池山下，亦甃石为池，方十余丈，泓澄莹澈，可鉴毛发"，周围"茂林修竹，间以流泉亭台池沼，为一方之胜"。《东阿县志》同时还收录了大量古人咏诵东流泉的诗作。

书院泉　李华文摄

　　1956年，平阴县进行书院泉自流灌溉工程建设，于泉池南五六十米处兴建双渠，引河道部分水流入一渠，用于灌溉农田，其余水跌下簸箕口，盛时成瀑。当时在小池正南台上题刻"书院泉自流灌溉工程建修纪念　一九五六年立"，碑阴刻"战胜旱灾，征服自然，提高生产，改善生活"。

　　泉水经双渠向南慢慢折向西流，河低渠高，同步同向。河上有桥，名"素心桥"，为2008年所建，因朱应毂诗句"千里来知己，同游惬素心"而得名。河渠圆弧西端北转处向三面分流，一支北去，一支西折，一支通过暗渠东向进入自然河道，全由人工石板闸控制。向东的支流如地漏般通过暗渠形成流水立交，似小型都江堰。

　　2008年，铸石一方，上刻"古渠浣纱"。由此向北50米，到书院村的古村口，根据连通器原理，水通过一U形水渠由路南入地下，至路北出，继续向北伸展。渠东筑一石台，台上仰立一本翻开的石书雕塑，右刻"书院古村"大字，左刻书院来历。

白沙泉

白沙泉位于平阴县洪范池镇书院泉西偏北的河渠旁。泉水自天池山石缝中渗出，时常伴有白沙腾旋，人们便称之为"白沙泉"。泉水四季涌流，有一日三落潮之奇观。

白沙泉泉池原为一天然水坑。1976年，书院泉村居民黄庆礼自备石料，圈泉砌垒，筑成方池，名之"白沙池"。池深1.5米，水深1.2米，1.2米见方。泉水自池东南角流出至池塘，泉水日涌量达800余立方米，水质甘甜，附近居民多饮用此水，数里之外的人也常来取而饮之。此泉是做豆腐的优质水，出豆腐率高，做出的豆腐鲜嫩筋道，口感尤好。1993年，水务工作者在此取样进行水质检测，发现泉水富含人体必需的20余种微量元素，其中以锶、硒含量最高。

白沙泉　邹浩摄

天池泉

天池泉位于平阴县洪范池镇东,天池山接近山顶处。泉水从岩缝中涌出,蜿蜒七八米,流入人工开凿的露天石池。池呈长方形,南北长1米,东西宽0.5米,深0.15米,海拔213.9米。池中绿藻浮动,池水天旱不涸,雨季外溢,下泻山谷,蜿蜒西折入浪溪河。

天池泉西为荒坡,乱石遍布,杂草丛生,远看如牧场羊群。泉西南的山崖上有唐代摩崖造像两龛四尊,像与人高,面容丰满,是极为少见的石佛造像珍品。

天池泉因位居山巅,又称"云泉""天池"。清康熙《东阿县志》载:"崑山之北有天池山,其上为云泉。云泉者,山巅一池,不盈不涸。"康熙《兖州府志》载:"天池山在城东南十五里。峰顶有泉,谓之天池。"

天池泉　邹浩摄

袈裟泉泉群、洪范池泉群

扈泉

扈泉位于平阴县洪范池镇洪范池南约1公里处云翠山北麓的山坳中，因其水盛时"跋扈声如雷、喷似雪"，故名，为济南新七十二名泉之一。每逢大雨过后，扈泉激涌，呈现出大水涌流的壮观盛景，所以，自古就有"扈泉涌碧""扈泉喷雪""扈泉飞雪"之誉，为古东阿八景之一。

扈泉　雍坚摄

扈泉

扈泉源于山坳峭壁陡直石壁下端一天然石洞。该洞直径 1 米左右，洞内幽深莫测。平时，扈泉泉水平静无波，盛水时节，泉水从洞中涌出，势不可遏，经过石潭，跌下山谷，形成瀑布，声传数里。泉洞外的水池东西宽 3 米，南北长 10 米。泉池之水溢出后大部分直泻山谷。

为了方便灌溉，修有水渠。渠分两支：东一支渠 500 余米，入东峪北崖村前水库；西一支渠顺山坡蜿蜒曲折 600 米许，入侯庄前水库。西去的水渠从渠缝隙中漏出一小股，流水溢出田堰下泻，形成诱人的小型瀑布。2012 年，扈泉景区重修，扈泉景色更加优美，原有的自然山体被改成四个水池，自上而下，层层瀑布，十分壮观。

昔日，扈泉石洞口有一巨岩塞其出口，遇大雨盛水暴涨，泉从洞口由下而上蹿涌而出，喷涌如注，触岩抵石，浪花翻滚，珠沫四溅，状如飞雪，气势磅礴。泉水漫石而过，呈瀑布状奔泻而下，如飞虹架空，跌落山谷，景象壮观。1956 年兴修水利时，洞口石头被炸开，扈泉丧失了原来激涌而出的气势。

扈泉古为东阿县名泉，明嘉靖《山东通志》已载有其名。清康熙《东阿县志》记载："丘子坪之北，曰扈泉出焉。山有坎如瓮，其中出泉。探之黝深，投之声泠泠。巨石人立塞坎，高可二丈，而泉从坎中上流，出巨石下，亦一奇也。"清道光《东阿县志》记载："扈泉在扈山北峪，岩下有坎如井深，窈不可测。大雨时行，则泉从井中涌出，触岩抵石，声闻数里。散于乱石间，如跳珠飞雪，又从悬崖注下，有瀑布之观。石壁上镌'扈泉涌碧'四大字。"民国《东阿县志》所载东阿八景中，其七为"扈泉涌雪"："泉在扈山北峪岩下，有坎如井，泉从井中涌出，触岩抵石，声闻数里，人（又）从悬崖注下，有瀑布之观。石壁上有'扈泉涌碧'四字。"该书还附七绝一首："冲崖上出有飞雪，倒泻争如瀑布悬。抵石觞岩喷似雪，胜他玉碎又珠圆。"

袈裟泉泉群、洪范池泉群

扈泉泉口　李华文摄

扈泉涌雪　雍坚摄

洹泉涌碧　李华文摄

在洹泉南壁悬崖之上，仍可见明朝进士东阿令朱应毂当年所书"洹泉涌碧"石刻。由石刻所镌小字注解可知，明万历九年（1581）初夏，东阿知县朱应毂邀请于慎行、孟一脉、于慎思、朱维京等名人雅士同游洹泉。

洹泉北侧西壁上原有摩崖石刻和半米见方的四尊雕像，于20世纪60年代被毁。据说，该石刻乃于慎行和朱维京当年赞扬洹泉的诗句，四尊雕像传为于慎行、孟一脉、朱应毂、朱维京四人肖像。

袈裟泉泉群、洪范池泉群

日月泉

　　日月泉位于平阴县洪范池镇云翠山南天观长春洞内,为济南新七十二名泉之一。泉水自洞内岩层渗出,形成涓涓细流,两泉相邻而不相连,分别跌进洞口两个石砌池中。月池在南,用石板覆盖,中间凿为新月形;日池在北,也用石板覆盖,中间凿为圆日形。因泉口凿为日月状,故名"日月泉"。

　　该泉长年有水,大旱不涸,雨季丰盈,是洪范池泉群中的佼佼者,为原东阿县境内四大奇观之一"日月合璧"。月泉的水来自东南方向,日泉的水来自西北方向。两泉的温度也有差别,月泉的水略凉,日泉的

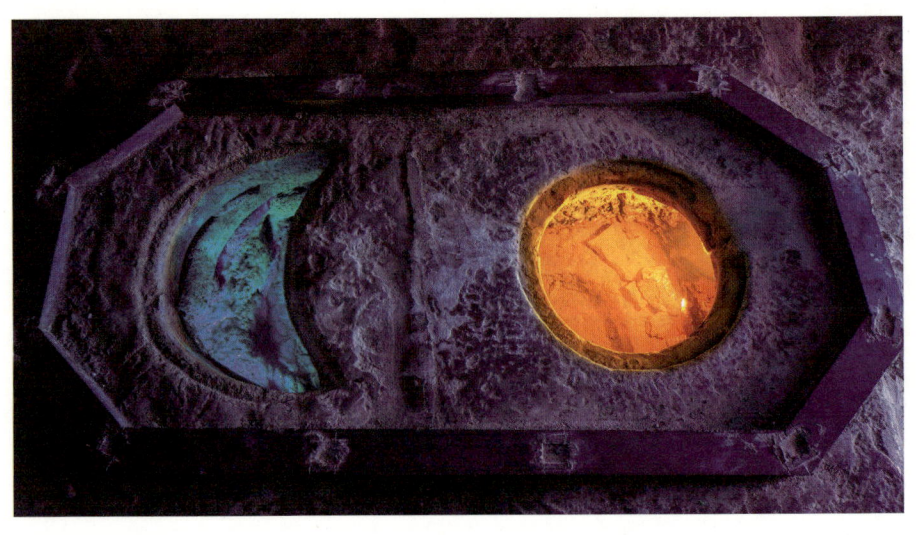

日月泉　李华文摄

水稍温。在丰水季节，两泉内的泉水从泉眼中溢出，因为水流的方向不同，各自形成一个漩涡，然后两股水汇合在一起，通过暗渠流入吕祖洞。

元至大四年（1311），云翠山道观重建，正值东阿县归天平军所属，故两泉叫作"天一泉"。因有天然石头相隔，两泉相邻而不相连，只有在水位升至近洞口时，才能通过天然缝隙盈昃互补，时而你流进我，时而我流进你，来而复往，故日月泉本称"来复泉"。清乾隆六年（1741），道观住持杨阴芝与徒弟裴阳春共主道观，便将其辈分"阴""阳"所表之"月""日"用于泉水名称，始称"日月泉"。

清康熙《兖州府志》记载："印峰之北为南天观，元时建，元学士李谦为记。观之上为长春洞，洞中有泉，谓之天一泉。其北有山如几，横于峰前，谓之丘子坪。相传丘长春于此修炼。盖元时有羽士四人，栖于其上，自称师长春也。明万历间，道士许道先隐于山中，大有兴筑。负山筑台，为玉皇阁；环而宫之，谓之蓬莱仙院；阁下一楼，北向，谓之长春阁；其北一楼，南向，谓之凭处阁；其东为三官庙；其西为帝君殿。"由此可知，在元代，有四位自称是丘处机弟子的道士修建了南天观，故内有长春洞、丘子坪等处所。而天一泉（日月泉），正是观中道人生活之水源。

南天观建筑群占地约3600平方米，虽然部分建筑破损，但整体建筑布局尚在。此道观依山势而建，分为下、中、上三重，形成了四个院落。在院落的中轴线上，从下到上（从北到南）依次是第一层院落的蓬莱仙院，内有凭虚阁（蓬莱阁）、长春阁、东透龙碑；第二层院落东为三官庙，西为帝君殿，中间有悟庵洞、钟亭等；第三层院落为玉皇阁。院外有戏院，东有灵官庙，西有玄帝庙。2000年春，洪范池镇政府为了方便游人行走，将原有石砌盘路修成了1700多米长的盘山公路，直通南天观。2013年12月，"云翠山南天观建筑群"被公布为济南市级文物保护单位；2015年6月，被公布为山东省级文物保护单位。

袈裟泉泉群、洪范池泉群

墨池泉

墨池泉俗称"墨池",位于平阴县洪范池镇扈泉北邻,扈山山脊北麓。清道光《东阿县志》载:"墨泉,在笔峰北址,粗石甃池,水色如墨,故名。其水时或溢池而出,如江海之潮,亦可异矣。"墨池泉东20米许、北30米许皆为大沟。池方7米,深5米,青石砌垒,为古时所建。泉水长年涌流不断,天至旱而不涸,水至清而色墨,故名"墨泉"。传明代于慎行曾于此动笔洗墨,水遂为墨色。泉水每日子时、午时现潮汐,故

新修后的墨池　黄鹏摄

又名"子午泉"。

2013年，对墨池泉进行保护和景观提升，新修建了泉池，增加了石栏杆，新建于慎行雕塑，提升了周边绿化环境。新筑的池台南北长10.5米，东西宽9.8米，池围以石板铺地，南端置以梯形假山与池相连，上刻"墨池"二字。池外的南壁原为天然土堰，高10米。近年来，村里将土堰改成了石墙，墙上还镶了九龙图画像浮雕，象征着浪溪河上游有九龙（泉）戏水。

道塘泉

道塘泉　邹浩摄

　　道塘泉位于平阴县洪范池镇云翠山天柱峰的西北侧，出南天观绕山路西行千米，山前峪沟的东南侧即为泉池。泉水由岩缝中流出，澄澈清莹，西流10米入泉池。村民传说此泉之水饮之去疾，浴之疗毒。

　　相传云翠山道士凿山岩而泉出，道人以此泉沐浴。凿石成道，泉水入塘，故称"道塘泉"。泉池南北长3米，东西宽2米许，深1.6米。泉上建有石屋，旁边自然石上刻有"道塘泉"三字。

　　该泉地处风光秀丽的僻静山谷，东南侧为壁立万仞的天柱峰。天柱峰古称"小髻"，意为美女的秀发。泉池处"小髻"之下，故又称"发髻泉"。泉池周围，怪石嶙峋，悬崖峭壁之上点缀着奇花异木，如诗如画，泉水四季流淌，大旱不涸，溢池而出，入大峡谷，山风溪韵令人陶醉。

长沟泉

长沟泉位于平阴县洪范池镇扈山西侧、南北贯穿整个西扈峪的山沟内，多处泉眼居于狭长曲折的沟中，故而得名"长沟泉"。长沟泉，历史上也曾称"狼泉"，为古东阿九大名泉之一，最初的源头是南刘庄村前的黑泉。

清道光《东阿县志》载："长沟泉在扈山西。此沟直通南山。夏时随处有泉，秋冬惟此泉不涸。北流至洪范池，汇东流泉，三水合而为狼溪。经谷城东北西注。溪水不盈数尺，泠泠流石间，清澈可玩，萦回二十余里，两岸桃柳宛如画图。"

长沟泉之水与扈泉之水交汇处　万肇平摄

1956年，为改善农业生产条件，于西扈峪山沟中修筑数个塘坝，其中有李山头、任庄、陈庄、阎庄、臧庄、侯庄等塘坝，塘坝库底抬高20～30米，长沟泉等数个泉眼因此没于塘坝之中。每逢雨盛时节，各塘坝水势喜人。虽然旧时景色杳无踪迹，但现有塘坝与周边葱郁的果木又形成独具一格的景观。

天乳泉

天乳泉位于平阴县洪范池镇大寨山北峰北侧。泉水由天然石缝中流出,盛水时下泻成流,旱季时滴水不断,可以仰头张嘴接而饮之,泉水甘若琼浆,其情形如同接受上天降下的乳汁,因此被称作"天乳泉"。清康熙《东阿县志》载:"峰北岩削成之侧,石盆悬焉。泉出其下,涓涓下滴,谓之天乳泉。"

天乳泉有众多别称。因其泉水出处悬在半空,别称"悬泉"。因泉水从山岩岩浆形成的钟乳石上流出,而钟乳石形同老牛的肚子,又称"牛腹泉"。不知何年何代,这庞大的钟乳石下坠,脱离了山体,形成一个山洞。洞中长年有水下泻,水滴石穿,平崖上被滴出一口盆大的坑,人们便把它称为"滴水盆"。冬日寒风凛冽,天乳泉之水滴下后,速凝成冰,久积成柱,若玉石似翡翠,直到次年三四月份方可融化,所以当地人又称其为"冰柱泉"。

天乳泉　邹浩摄

白涯泉

白涯泉位于平阴县洪范池镇大寨山南峰东壁石崖下，因此处山石乳白而得名。泉水自石崖缝隙中流出，汇入崖根凿石而成的方池。泉池长1米许，宽0.5米，深约0.2米。由于泉池清浅，存不了多少水，水漫出泉池，沿山坡向下漫流。

北齐至明朝，白涯泉附近为佛家道场，建有月仙庵。清乾隆年间，月仙庵荒废，改建白衣堂。每逢农历六月十五，山会上人员数百，却从不因喝水问题犯难，由此可见当时泉池水量充足。高山有水，人们视之若宝，故称其为"宝泉"。泉池两侧，绿树丛生，吕祖派道人筑观于泉旁。今道观已倾圮，尚存明清碑刻数通。

白涯泉　邹浩摄

袈裟泉泉群、洪范池泉群

丁兰泉

丁兰泉位于平阴县洪范池镇丁泉村东华盖山山脚下。传说此地是二十四孝之一"刻木事亲"故事主人公丁兰的故里，故名泉为"丁兰泉"，又名"孝母泉"，也称"丁泉"。清康熙《东阿县志》载："隔马岭之南为丁泉。丁泉者，俗以为丁兰里也。"

泉池南北长9米，东西宽6米，青石砌垒。水自岩缝涌出，汇入清池，再由大池西侧石雕龙头喷吐进边长2米许的水池，经水池西南角出口下泻，流入丁兰河，再注入白雁村水库，最后汇入浪溪河。泉水长年不断，日涌量约1400立方米。大雨水盛时，大池台下西南处留有泄水口，水涌

丁兰泉　王琴摄

丁兰泉　雍坚摄

成瀑，两瀑交汇，景象壮观。

　　泉池四周，围以石雕栏板。石栏板北壁为清乾隆七年（1742）所镌《重修丁泉池碑记》，碑文载："此池不知浚自何代，大元至正年间已经重修。"据此可知，最迟在元代，丁泉泉池已经建成。清嘉庆十一年（1806）有《重修孝母池与桥与路碑记》；1958年兴修水利时，对泉池进行改建，于泉池西栏板刻《改建丁泉水池碑记》与"丁火轰起巨建设，泉水冲出大自然"楹柱联。丁泉池畔，原建有丁兰祠，后倾圮，遗碑尚存。泉北有少年英雄秦培伦故居及塑像与镇境内革命烈士名录。

北泉

北泉位于平阴县洪范池镇丁泉村东北,演(演马庄)旧(旧县)线路旁隔马岭西。外观为方口泉井,井壁为大块青石砌筑。附近建有蓄水池,用于农田灌溉。

宋元时期,北泉所在位置有一个"小李庄",庄民依泉而居。泉水自然流淌,居民取用水方便。后有村民甃石为井,让水积累到一定深度后,以桶取之。此泉位于丁泉村北,俗称"北泉";又因宋朝康、李两家在此安居,所以也叫"李家泉""康家泉",现常称"李康泉"。后来因丁泉水量充沛,村民逐水而居,便迁到丁泉附近居住。北泉虽淡出了村民的生活,但依然为这一方土地的灌溉竭尽所能。

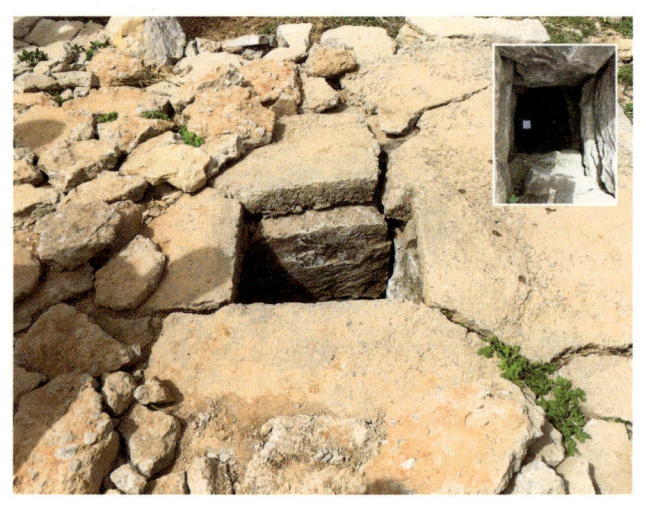

北泉泉口　邹浩摄

龙眼泉

龙眼泉位于平阴县洪范池镇龙头山西首天平观中。南天观中有日月泉，后来道士为取"三光者，日月星"之寓意，也称此泉为"天星泉"。泉池依山势而建，看上去水色如墨，所以文人曾称其为"墨池"。清同治十二年（1873）碑刻有联："白雁胡为乎来！想班列鸳鹭，人才兆瑞；墨池何以不变？定脉通洙泗，文字钟灵！"

泉水自龙头山天然石缝中滴出，水质如同甘露，居人长年取水于此，水量基本保持恒定，被宋、元、明几代道家人士使用。明末战乱，通观改为书院，书院师生亦饮用此泉水，朝更代换，沿袭数百年。泉池周边存有道观史诗遗碑，如元《天平观碑记》碑等。（注：此泉未列入济南市名泉名录）

贝泉

贝泉位于平阴县洪范池镇黄崖山西麓,因泉池周边曾出贝壳而名"贝泉",又因居于村北也称"北泉"。泉池居于山崖半腰,海拔高达 300 余米。泉池不知砌垒于何年。相传宋时,皇姑迷路口渴,曾到此饮水,后人甃石为池,以兴灌溉之利。泉水长年丰盈,藻类丛生;盛夏时节,蒲草葱郁,谷穗棕红,泉池周边风光宜人。1956 年,当地村民引水下山,筑渠数百米,方便村民饮用及灌溉良田。(注:此泉未列入济南市名泉名录)

贝泉　万肇平摄

白雁泉

　　白雁泉位于平阴县洪范池镇白雁泉村内,泉与村同名。村北为龙头山,白雁泉在龙头山之南坡。泉池由大石块砌成,长5米、宽4.7米、深5米。泉水呈碧绿色,深不见底,长年不涸,日涌量在850立方米左右。泉水自池南壁石雕龙头口中泻入一方形小池,而后流入水渠。

　　泉池四季涌流,水池前有座跨河桥,名曰"兴济",直通南北。桥头东西有镌石,东刻镇水瑞兽霸下之首,西镌霸下之尾,为河道之石刻景观。2017年,村"两委"在泉边修建广场,栽植巨株翠柳,遮阴半亩,供村民、游客赏泉,歇息。

白雁泉　邹浩摄

白雁泉　雍坚摄

　　泉池东侧原有元皇庆元年（1312）《天平观碑记》碑。碑文记载，汉王刘邦伐楚，带兵路经此地，恰遇天气炎热，士兵口渴难忍，将士四处寻水，忽见一群白雁从山下惊起，王曰："必有泉！"便令军士察之，果然发现了泉水。后人称此泉为"白雁泉"，并甃石为池，名之"白雁池"。明嘉靖《山东通志》也记载了此事："白雁泉在东阿县东南三十五里，相传汉王伐楚经此，士卒渴甚，忽见白雁惊起，遂得清泉，故名。"

拔箭泉

拔箭泉位于平阴县洪范池镇白雁泉村东首,泉池呈方形,边长19米、深3米,石砌。池中砌一面南北向石墙,将池一分为二,东池狭长而水深,西池开阔而水浅。池南壁分别留有出水口。盛水期,泉水由此泻出,流入小溪,汇入浪溪河。此泉长年不涸,日涌量与白雁泉相类。

拔箭泉泉池　雍坚摄

拔箭泉　黄鹏摄

　　相传汉王刘邦带兵喝过白雁泉的水后，发现不远处有白雁，于是便张弓射去。箭未射中雁却插入地里，将士将箭拔起，却见清泉随箭涌出，故名此泉为"拔箭泉"。清康熙《东阿县志》对此传说有记载："又南为拔箭泉，高帝伐楚，矢入地中，拔箭而得泉水。"

莲花池

莲花池位于平阴县洪范池镇白雁泉偏西北 50 米处，泉池为石砌长方形，长 3.5 米、宽 3 米。1982 年刻泉名碑于泉旁。泉水为渗流，久旱不枯，为农田灌溉水源。2013 年版《济南泉水志》载："泉旁原建有天平观，为元代东平路兵马总管严实与丘处机弟子所为，元碑成于 1312 年，詹维高为之记，现仅剩一角。"

莲花泉因地处九顶莲花山下而得名。关于此泉的来历，另有一民间传说。相传天平观道士赵某因常去泉边取水浇菜，结识并爱上了有沉鱼落雁之姿的李玉花，被道长批准还俗归乡。后来，道士刘某去池边菜园浇菜，看中了有羞花闭月之貌的陈玉花，也被道长恩准还俗归乡。后来道长得知李玉花和陈玉花的父亲是连襟兄弟，于是将此泉命名为"莲花池"。

莲花池　雍坚摄

天半泉

天半泉位于平阴县洪范池镇白雁村东北角 1 公里处果园内，拔箭泉正北方约 100 米处，为季节性出流之泉。每年下大雨后，此泉能出流一天半，故得名"天半泉"。天半泉一般在农历七月初七开泉。人们常说："天半泉开，牛郎织女乐开怀，农民百姓多自在。"

2021 年 8 月，济南泉水普查时了解到，天半泉泉址位于核桃树下的田地中，当时未见泉水出露现象。从地面的土质情况看，再结合测绘部门定位，可以判断出泉址位置。（注：此泉未列入济南市名泉名录）

天半泉泉址　邹浩摄

狼泉

狼泉位于平阴县洪范池镇大黄村村东黄崖山下,初以居人见狼饮水而名。北魏郦道元《水经注》云:"狼溪,出东南大槛山。"明万历《兖州府志》载:"龙溪,即东南山中诸泉水也。城在两山之间,诸泉水会于楮村,并西山北流,穿城而过,至旧城之南入大清河。以其或出狼泉,故名狼溪。邑令朱君为其名不驯,改曰'龙溪'。"清道光《东阿县志》记:"丁泉之北为黄崖山,狼泉之水出焉。"

狼泉水出自山崖石缝中,人工砌石为池、砌井,井南壁开口至井底向上 1 米许,砌一大石利人取水,又在井池石壁上凿口,将泉水导入蓄水池。蓄水池为 1972 年所建,池内泉水清澈,水质极佳,大旱不涸,水

狼泉泉口 邹浩摄

袈裟泉泉群、洪范池泉群

狼泉　邹浩摄

盛时经壕沟注入狼溪。泉池周边，杨柳蔓生，间植核柿。四围山色，崖若锦屏。有千年石堰，高数丈数层，蜿蜒千米。附近有贝泉、散泉、麦黄诸泉。

淙泉

淙泉位于平阴县洪范池镇纸坊村东南隅，念山之西，浪溪河西岸。泉池由不规则的大石围成，直径2米许，池中泉水清澈。泉因居于古迹"石淙"之旁而得名。石淙为一块天然大石，占地亩许。元代兵马路总管严实在此建别墅，立一石碑，上刻"石淙"二字。明代于慎思亦在此建有书屋，好友朱维京前来拜访，见石床平阔、泉水淙淙，提笔书"石淙漱玉"四字。于慎思遂作《石淙记》一文，后载于《东阿县志》。明万历九年（1581），东阿县令朱应毂邀友于慎行、孟一脉等游览于此，书有"泉石清赏"，刻于水中大石。

2013年起，村人李振于浪溪河畔建园、植竹，打造"泉福小江南"景区，与于慎行墓地"于林"形成联景，成为济南市平阴县"齐鲁泉乡"的亮点。淙泉因此而耀眼。

淙泉　邹浩摄

念泉

　　念泉位于平阴县洪范池镇"泉福小江南"景区中，因居念山下而得名。泉池边长5米，深4米，池台围绛红色玫瑰石栏板，云角透方，望柱简朴，棱角粗放。泉水从龙口流出，跌入小池，水势颇盛，日溢千方。小池左右通渠，绕大池一周，入戏水池，过龙福桥穿廊入浪溪河。池之东北还有一些残存古建；池西有"福"字影壁一方；壁南有石桥一座，飞架浪溪河东支南北，名为"旺福桥"，上建旺福阁，供游人赏景、娱乐。

　　念泉是2019年修建"泉福小江南"景区时新掘出之泉。近年来，一直保持着旺盛的出水量，四季不涸，成为当地小有名气的泉水景观。

念泉泉池　邹浩摄

念泉

念泉　邹浩摄

汇泉

汇泉位于平阴县孝直镇马跑泉村西南约 300 米处的山脚下。泉池为石砌长方水池，长约 4 米、宽 2 米，池中长年有水，旧时为当地百姓的饮用水源。泉池上方被预制板保护性封盖，上留一取水用的方形井口。汇泉旁的石崖上有"汇泉"二字石刻。

相传，此泉本名"惠泉"，源于柳下惠拔剑斩蛇的故事。一天，柳下惠西行途中路过此地，见这里久旱无雨，饿殍遍野，好不凄凉。他就问当地百姓："听说这里有泉水，何不用泉水浇地？"百姓说："这里本有一泉，却被一长蛇把守，常人近它不得。"柳下惠听罢，提剑觅蛇。他来到山脚下，见大蛇盘踞石间，双目圆睁。柳下惠飞身跳起，挥剑斩蛇。大蛇首身分家后，泉水喷涌而出。村民为感激柳下惠，将此泉命名为"惠泉"，后衍称"汇泉"。

汇泉 黄鹏摄

马跑泉

马跑泉位于平阴县孝直镇马跑泉村，赤沟山北崖，东临汇河，旧时是附近村民的饮用水源。泉水自岩洞石缝中渗出，汇入边长约3米、深约2米的石砌方池中，继而从池壁龙口吐入小池，经暗渠流入小溪，最后向东汇入东山水库。此泉甘洌，雨水多时如瀑布，数里可闻涌流之声；干旱时节，水量变小，泉流如线。

传说王莽篡汉时期，刘秀祭泰山路经此地时，干渴难耐，昏睡在马背上。跟他久经沙场的白马看到不远处有一棵大柳树叶茂枝繁，葱郁青翠，如植水岸，就飞奔过去。白马腾起前蹄，用力刨地，一股清泉顿时喷涌而出。白马仰天嘶啸，把主人唤醒，刘秀痛饮一番，然后继续上路。"刘秀祭天东岳，白鬃马刨泉救主"的故事就此传开。人们为了纪念此事，就给此泉取名为"马跑泉"，在泉旁还修建了汉王庙。村子也以泉得名，称"马跑泉村"。如今，古庙已不复存，但明正德年间所立《重修汉王庙记》碑尚立于泉边。

马跑泉

马跑泉 黄鹏摄

东拔箭泉

　　东拔箭泉位于平阴县孝直镇东湿口山村东南约 300 米处的九峪山东北侧山脚下。泉池为青石砌筑，呈半圆形，直径近 3 米，水面距池沿约 2 米。

　　此泉原名"拔箭泉"，为区别于湿口山之西的洪范池镇白雁泉村拔箭泉，故称"东拔箭泉"。相传汉王刘秀从马跑泉起身奔向泰山，刚骑上马，抬头看到东南上空有一大雁，便一箭将大雁射下。待他骑马来到山下时，看到箭穿雁身，强劲的箭头又插进石缝里，遂下马用力将箭从石缝里拔出，不料泉水顺势喷涌而出，"拔箭泉"由此而得名。

东拔箭泉　邹浩摄

北泉

北泉位于平阴县孝直镇刘家庄村北约 1 里处的北山大石堰下。泉水自石堰下流出后，形成一个天然的大泉坑。1994 年，为加强农田水利建设，在泉边修建石砌蓄水池，约 20 米长，六七米宽。2013 年，北泉因水质良好，被平阴县国土资源局列入抗旱水源地建设项目，于泉边又修建了一处 15 米见方的饮用水蓄水池。

北泉四季不干，夏季水量格外大，原是全村人的饮用水源。现在村里打了机井，不再把北泉作为主要饮用水源。

北泉　邹浩摄

南泉

　　南泉位于平阴县孝直镇刘家庄南山半山腰、村西南约 1 公里处。南泉四季有水，旱季出涌舒缓，雨季出涌旺盛，与北泉的水量相当。泉水能溢出泉池，沿山坡漫流。1994 年，为了抗旱兴修水利，在南泉边建了蓄水池储存泉水，供农业生产使用。

南泉　邹浩摄

龙山泉

　　龙山泉位于平阴县东阿镇太和村西南 500 米处，因地处龙山西侧而得名。泉池大致为石砌半圆形，直径约 7 米，池深 3 米多，池壁留排水口。

　　20 世纪 70 年代中期，龙山泉实测出涌量为每天 810 立方米；20 世纪 80 年代泉水调查时发现，出涌量与 70 年代相当，年出水量约 29 万立方米。此泉原来长年有水，近年来变为季节性出涌，旱季干涸，汛期方能溢流。2021 年 4 月济南泉水普查时，池内无水，仅底部较为湿润。

龙山泉　左庆摄

白虎泉

　　白虎泉位于平阴县东阿镇狮耳山西坡。泉水为渗流，长年不竭，旧时为村民主要饮用水源。水自岩石缝隙中流出，流入石崖上凿出的长1.7米、宽0.7米的长方形水池中。人们在泉池之上修建泉屋，将泉池罩于屋内。泉水通过暗道流入屋外的露天大泉池。2021年4月济南泉水普查时，泉屋内泉池中可见泉水，因出流舒缓，屋外露天大泉池中几近干涸。

　　白虎泉所在的狮耳山又名"虎窟山"，海拔250米。因十六国时，济南太守胡谐得虎于洞中，故称"虎窟山"。狮耳山主峰北侧崖下建有虎窟观，有观音堂、虎窟书屋、虎窟禅洞（又名"白虎洞"）、三仙洞、八仙洞、白虎泉、槐底泉、虎窟秋风等胜景。虎窟书屋，传为明朝进士赵邦彦读书处。明万历《兖州府志》、清道光《东阿县志》所记虎窟山佛堂崖下、寺岩之上的两处泉一曰白虎泉，一曰槐底泉。白虎泉者，即此。

白虎泉

白虎泉　左庆摄

槐底泉

槐底泉位于平阴县东阿镇狮耳山西坡，与白虎泉同处于虎窟观西侧山岩下，在白虎泉西侧下方 10 余米处，有蜿蜒小路可以通达。泉水为渗流，长年不竭。泉池凿石而成，呈不规则形状。旧时，此泉位于一株大槐树底下，故名"槐底泉"。

2021 年 4 月济南泉水普查时发现，槐底泉旁并无大槐树，却有一棵侧柏倾斜下来，茂盛的枝叶将泉池遮住大半。泉池内所蓄之水比较清浅，上面漂有树枝杂物。由 2011 年泉水照片可知，此泉原有两个出水口，而现在只能看到其中之一。此泉在雨后出涌尤为旺盛，会溢出山坡漫流。

距此泉约 200 米处的山路边的一块自然石上镌有"槐底泉"三字，周边未见泉源。据了解，"槐底泉"刻石附近有一季节性泉，一般在雨后流出，也称"槐底泉"。

槐底泉　左庆摄

榖右泉

榖右泉位于平阴县东阿镇西山村村中，因居古榖城右而得名"榖右泉"，又名"龙泉"。人民公社时期，村里兴修水利，寻找水源，村人传古时有人见过"飞龙入涧"般的泉涌盛况，而涧中常有潮气出，众人便商定在村中涧缝凿岩寻泉，顺岩下凿10米左右，石缝中流出清泉，村人喜出望外，用12马力的水泵昼夜不停地抽水，水面下降半米，然后不管怎样抽，水面不再下降；后来改用30千瓦的电机，配8寸粗的水管昼夜不停地抽也抽不干，西山村千亩良田的浇灌得到保障。

村人将泉池砌为长七八米、宽5米多的长方形大池，为安全起见，池面全部用钢筋混凝土浇筑封盖，并安装机器抽水浇地。机井东边建有2间机房，安装有柴油机、电动机、出水管及配电盘等设备，并立碑刻："西山龙泉机井""水利是农业的命脉""建于一九八二年六月十六日"。在这一带所有的井泉中，这是一个规模较大、功能齐全的现代化水利设施。

（注：此泉未列入济南市名泉名录）

白云泉

　　白云泉位于平阴县东阿镇铧山主峰西北侧近顶山阴处，因此处常有白云缭绕而得名。泉出自山石缝中，流入长3米、宽近2米、深1米许的人工凿池中，池壁做工较为精细。

　　池边立碑"白云泉"，落款"康熙十年岁次□□□□□□"，由此可知，此泉泉池建于1671年，距今已有350余年。泉池周边长满各种水生植物，长年有水，雨后泉水盈池外溢，形成瀑布，十分壮观。泉水数百年来滋养着无数花草禽鸟，时至今日，还在向我们展现自己的风貌。

　　（注：此泉未列入济南市名泉名录）

毛峪泉

　　毛峪泉位于平阴县孔村镇毛峪村西北山脚下，俗称"天水井"。泉池呈圆井形，井壁为青石砌筑，直径 0.81 米。泉水为渗流，长年不枯，水质清冽甘美，旧时为毛峪村村民的主要饮用水源之一。

　　毛峪泉井口被青石保护性覆盖，只留出一角，让塑料管插入井中。为保护井口不被山洪泥土湮没，泉口外围三面筑了石堰。

毛峪泉　左庆摄

袈裟泉泉群、洪范池泉群

古泉井

　　古泉井位于平阴县孔村镇晁峪村烂柯山东侧的车厢峪东坡石堰下。泉池呈井形，井口为五边形，边长约 0.4 米，井筒大致为方形，井壁由大块不规则自然石砌筑而成。井下泉水清澈，水面距离井口约 2 米。泉水为渗流，长年不涸，为农田灌溉水源。因开凿时间久远，当地人俗称该泉为"古泉井"。盛水时节，泉水溢出井口，漫流至 100 米处的黑龙池。

古泉井石刻　左庆摄

古泉井

古泉井 左庆摄

　　黑龙池依山而建,两面为人工砌筑,有七八平方米大小。泉池周边的山涧中,核桃树、梨树漫山遍野。传说原来黑龙池清澈见底,后来有一条黑龙在山峪为非作歹,被村民杀死,黑龙的血流入池中,把泉水染变成了墨绿色。

> 袈裟泉泉群、洪范池泉群

南泉·北泉

　　南泉与北泉位于平阴县玫瑰镇南泉村和北泉村交界处、云门山东北侧山下峪沟岸边，距县城约 8 公里。两泉相距四五米，同出一脉。泉南北的村落分别以泉名之，称"南泉村"和"北泉村"。

　　南泉出自峪沟南岸石洞中，洞前砌有半圆形泉池，直径 1 米许。此泉长年有水，旱季出流舒缓，雨季出流旺盛。泉水可溢出泉池漫流入峪沟，再流入玉带河。为便于村民取用泉水，泉池前砌有青石平台，有石阶通往南泉村内。

南泉　左庆摄

北泉　左庆摄

　　北泉为石砌长方形泉池，长1米、宽0.5米，泉池距峪沟不足2米。泉水通过暗道向西流入旁边的半敞口泉池，夏季出涌旺盛，泉水漫流入峪沟，再流入玉带河。

袈裟泉泉群、洪范池泉群

杨枝泉

　　杨枝泉位于平阴县玫瑰镇翠屏山西坡、宝峰寺东北侧的石窟内。泉水自石壁上方缝隙中渗出，顺势而下，形成数支细流，状如倒垂杨枝，故名。清光绪《平阴县志》有"承以石盆，大旱不涸"之记载。

杨枝泉出流于此佛窟内石壁缝隙中　黄鹏摄

《杨枝泉说》石刻　黄鹏摄

　　石窟壁上雕凿有佛像三尊，外观为唐代风格，旁边有清顺治十年（1653）所镌刻的《杨枝泉说》等题记。《杨枝泉说》记载："管子曰，五沃之土宜柳桎、河旄、泽杨之恒也。……生长大士之净土，奚甘露洒心之具乎？命曰'杨枝泉'也，亦宜。"

有本泉

有本泉位于平阴县玫瑰镇翠屏山宝峰寺内一石窟西侧下方。过去，水从一天然洞窟中流入洞前泉池，铿锵有声。如今，洞窟口被人工砌封，上置石檐，下装龙首，泉水从龙首吐入泉池。泉池上方岩壁上镌有"有本泉"三个大字。另有题记一则："源泉混混，不舍昼夜；盈科而后进，放乎四海；有本者如是，是之取尔。"

相传，唐代先师慈净和尚云游于此，见此处风景秀丽，松柏掩映，泉水流畅清澈，不愿离去，于是就开山凿石，建成宝峰寺。另有传说，明代曾任河南新城县令的平阴籍人士张子冕，赋闲后在水山建立"别业"，自称"水山子"。他为了教育儿子张宗旭不忘祖德，在带着儿子逛水山时，将这处无名泉命名为"有本泉"，取慎终追远、水源木本之意。据说，"有本泉"三个字为张宗旭九岁时所写。他后来成了能和唐代张旭相比的草书大家。

有本泉　左庆摄

浸润泉

浸润泉位于平阴县玫瑰镇翠屏山宝峰寺内,在有本泉西侧上方约 5 米处的石崖上,水从石缝中涌出,汇入有本泉泉池。泉水出露口上面的石岩上,勒有"浸润泉"三个大字,但未镌纪年。

清光绪《平阴县志》有载,称"浸润泉在水山北岩,可供千人饮,不涸不溢。南岩泉亦如之"。当代,浸润泉为季节性出流,旱季一般无水;盛水季节,泉水从岩缝中渗流而出,滋花润木。岩缝西旁有凿于唐天宝十一年(752)的石佛龛两个,内有造像 12 尊,雕刻甚为精美。

浸润泉　左庆摄

朝阳泉·落阳泉

朝阳泉位于平阴县玫瑰镇翠屏山东侧半山腰,水自巨石下岩隙流出,因泉口正对太阳升起的方向,故名"朝阳泉"。此泉为季节性出流,旱时无水,雨季出流。

落阳泉又名"夕阳泉",出自平阴县玫瑰镇翠屏山西南侧山腰岩隙中。20多年前,泉口处开了一个高、宽均约1.5米,进深10余米的岩洞。洞外石壁上,可见古时所镌"石门槛"三字。此泉冬春两季出流量较小,泉水积于洞中。夏秋季节出水旺盛,泉水溢池,漫流于山坡。

落阳泉　左庆摄

朝阳泉·落阳泉

落阳泉的石门槛　左庆摄

落阳泉洞中景象　雍坚摄

　　关于落阳泉，还流传着一个"胡景文捞金银"的故事。传说有个叫胡景文的人，天天想着发大财。一天下午，他来到落阳泉边，看泉水金光闪耀，银光生辉，心里高兴极了："这水里怎么有这么多的金银啊！"于是，他下手去捞，却什么也没捞到。他实在不甘心，就一下子跳到泉水里。结果，泉水深不见底，这一下去他就再也没有上来。

向阳泉

　　向阳泉位于平阴县玫瑰镇翠屏山南侧山腰处。因泉池向阳，故名。泉水自石缝中渗出，积于自然形成的池中。此泉为季节性出流，旱季无水，雨后出涌明显。泉池周边砌以石墙，高1米，南侧留出水口，泉水流向山下。

　　传说，曹操和程煜来到翠屏山，二人有些口渴，寻水来到此泉旁。这时，程煜为讨曹操的欢心，就编了一个故事。他说："曹公，昨天我做了一个梦，梦见一个神仙对我说：你是托起太阳的人。我想来想去，却不知何意。"曹操想了一下，会心一笑，拍拍程煜的肩膀说："今后，你定是能助曹某成就大业的人。"原来，曹字下有日，程煜口中的太阳，指的就是曹操。自此，程煜成了曹操的心腹。此泉也因此得名"向阳泉"。

龙须泉

龙须泉位于平阴县玫瑰镇翠屏山东坡。水自岩壁间流出，汇入池中，四季不涸。泉池大致呈长方形，10 余平方米，池西、北两壁为自然山岩，东、南部系人工砌石。池上方山崖处刻"龙须泉"三字。2021 年济南泉水普查时，池中水深约半米。

传说，翠屏山上的多佛塔其实是托塔天王李靖手中的玲珑宝塔。有一天，大闹天宫的孙悟空来到翠屏山顶偷桃吃，被李靖发现。孙悟空见势不妙，急忙逃走，但还是被李靖用玲珑塔砸到了屁股。而宝塔因李靖用力过猛，扎入土中拔不出来。为了防止孙悟空回来破坏宝塔，李靖就派一条天龙前去看守。天龙很尽责，不敢离开宝塔一步。可时间一久，天龙口渴难耐，只能到山下喝水。孙悟空得了时机，就用金箍棒向天龙砸去。天龙闪躲中被砸掉了一把龙须。于是，此水就得名"龙须泉"了。

龙须泉　左庆摄

灵醴泉

灵醴泉位于平阴县城南隅，青龙山金斗峪西南坡，旧名"金斗峪泉"。清光绪《平阴县志》有载，此泉旱涝不涸，乡人在泉上盖一石屋，曰"水母娘娘庙"。清乾隆二十一年（1756），由平阴知县李汝榛改建为阁，名"斗母宫"，并"旁栽柏树千余株，设道院于下，于是始为邑中胜地"。

灵醴泉及泉眼　左庆摄

泉在人工砌垒的石洞中,洞高3米,宽仅半米,上有青石拱券。水从洞壁滴下,叮咚作响,汇入自然形成的直径2.5米、深1米的圆池中,池内泉水清澈。洞前石砌券门上嵌石匾,题"灵醴泉"三字,为清乾隆二十三年(1758)邑人张翊鸿书。石洞之上的斗母宫毁于20世纪60年代,现仅存残垣断壁。因泉水甘美,直到现在,仍有附近居民来此汲水回家泡茶。

抱珠泉

抱珠泉位于平阴县城东南的贤子峪东山脚下，距县城约 5 公里。

明人张宗旭曾在此教书，培养了不少学问大家，此处山峪故名"贤子峪"。张宗旭嗜酒如命，常进城喝酒。一天，他醉归贤子峪，来到泉边，只见天上一轮圆月，水中一轮圆月，那水中的月亮像一颗硕大宝珠。张宗旭甚喜，就倒在泉水上的小桥上，伸出手，抱着"宝珠"睡去，从而留下了"贤子枕石，抱珠而眠"的佳话。"抱珠泉"也因此而得名。

抱珠泉分大小两池。大池东南两侧紧靠石崖，是一个人工开凿的不规则泉池，直径约 4 米、深 5 米左右。水从东南侧石缝中涌出，汇而成池，水满后经排水渠溢入北侧的小池。小池直径 2 米、深约 3 米，水满后从西侧排水渠溢入山沟，汇成小溪，顺峪流出。

抱珠泉出涌量随季节变化明显。旱季泉水出涌微弱，仅池底有水；雨季出涌旺盛，古木葱蔚，造就贤子峪一方胜景。

抱珠泉　左庆摄

天井飞泉

天井飞泉位于平阴县安城镇段天井村西北约200米处，因地处山涧，井口处状如天台的水井而得名，又称"天井泉"或"石井泉"。井口呈长矛头形，井深五六米，长年涌水。泉涌出后汇为一长30米、宽2.5米的水湾，为安栾河源头之一。

清嘉庆《平阴县志》载，天井泉"在山涧石井中，泉势如趵突，飞流界道，虽旱不涸"。清光绪《平阴县志》载："泉涌甚，势如趵突，喷珠泻玉，声闻数里。"因景观壮丽，"天井飞泉"被列入平阴古八景之一，古时多有诗人赞咏。清朝邑人国进诗曰："石涧有名泉，泉声日

天井飞泉所在的水库　左庆摄

夜喧。滔滔不复往，谁解问真源。"清代赵方曦诗曰："石氅寒泉泻碧溪，纵横曲曲绕柴扉。更教移挂高峰顶，谁诧天台瀑布希。"

20世纪60年代初兴修水利时，在泉北侧拦河蓄水，建成段天井水库，天井飞泉没入水库中。盛水时节，库水从溢洪道涌出，飞悬下泻，盛况不减当年，十分壮观。

毛铺泉

毛铺泉位于平阴县安城镇东毛铺村东北田地中,原为两眼井形泉池。水势颇佳,久旱不涸。传说,泉水是从东海通过地下河来到这里的,两个泉口仿佛是东海的一大一小两只眼,故两泉池俗称"大海眼""小海眼"。今毛铺泉仅存一外方内圆的泉井,泉口长约1.2米、宽约0.8米。

毛铺泉井口　左庆摄

| 袈裟泉泉群、洪范池泉群

毛铺泉出水口　左庆摄

　　泉口下为圆形井筒，井壁为青石砌筑。泉水为渗流，久旱不涸，通过井壁排水口沿着被棚盖的暗渠，于北侧四五十米处流出。井内泉水充盈、清澈，水面距井口仅1米多。此泉为汇河源头之一，汛期水势尤佳，日涌量达1000立方米，能满足全村2000多人的用水。现在，此泉主要用作当地村民农田灌溉水源。

石榴峪泉

　　石榴峪泉位于平阴县安城镇东毛铺村东北天堂山石榴峪内,毛铺水库东北侧。此泉泉眼位居石榴峪里的深壑中,水深10米有余。

　　石榴峪泉泉池长约8米、宽约5米,池内水色幽绿。此泉长年出水,旱季相对舒缓,雨季出涌旺盛,流量颇大。泉水流出后,沿峪沟汇入东毛铺水库。

石榴峪泉　邹浩摄

袈裟泉泉群、洪范池泉群

常源泉

　　常源泉位于平阴县安城镇东毛铺村八里沟天堂山南桃花峪中。该泉出涌旺盛，长年不断，即使在大旱年亦涌流不止，故名"常源泉"。

　　泉下方原有一深井，泉水流进深井，复又从井口溢出，故又名"常源井泉"。20世纪60年代兴修农田水利时，当地村民在泉源外石砌一长方形大泉池。泉池南北长45米，东西宽14米，深5米。池壁上开有方洞，泉水自方洞流入大泉池。池内泉水澄澈碧绿，远山近树和蓝天白云倒映其中，形成"仰望群峰竞秀，俯瞰绿水荡漾"之胜境。在平阴县诸泉中，常源泉的泉池最大。现在，泉水主要用于灌溉农田和果木，保障一方物产丰饶。

常源泉泉池　左庆摄

虎豹泉

虎豹泉位于平阴县安城镇虎豹川村。因村东为虎山，村西为豹山，故名。泉池呈方口井形，边长1米左右，深12米，平时水深10余米，盛水时泉水自井中溢出，流入山间小溪。20世纪70年代中期，实测日涌量为146立方米。

虎豹泉水质清洌甘美，旧时为村民饮用水源。天长日久，汲水的绳索将井口的青石磨出了十几道槽沟，深达2～7厘米。泉畔，有一通清乾隆三十九年（1774）《虎豹川修庙穿井立石记名》碑。据碑文可知，

虎豹泉　黄鹏摄

泉旁原建有龙王庙。由此泉南行不远即是兴隆镇村，此村基本与虎豹川村连成一片。路边有1929年所建精美碑亭一座，内立《虎豹川修路碑记》碑，碑文记载："虎豹川虽名不见经传，然昔为齐鲁要塞，今为平肥通衢，群山拱抱，泉壑萦回。"寥寥数语，道出了此地风景之盛。